Person und Dasein

PHAENOMENOLOGICA

COLLECTION PUBLIÉE SOUS LE PATRONAGE DES CENTRES D'ARCHIVES-HUSSERL

32

MANFRED S. FRINGS

Person und Dasein

MANFRED S. FRINGS

Person und Dasein

ZUR FRAGE DER ONTOLOGIE DES WERTSEINS

SPRINGER-SCIENCE+BUSINESS MEDIA, B.V. 1969

ISBN 978-94-015-6884-5 ISBN 978-94-015-6882-1 (eBook)
DOI 10.1007/978-94-015-6882-1

Originally published by Martinus Nijhoff, The Hague, Netherlands in 1969
Softcover reprint of the hardcover 1st edition 1969

Meiner Mutter

INHALTSVERZEICHNIS

III. TEIL

DAS SEINSVERHÄLTNIS VON DASEIN ZU DASEIN

VORWORT

Es sei an dieser Stelle Frau Maria Scheler für die von ihr erlaubten Einblicke in den Nachlass ihres Mannes gedankt, insbesondere für die langen und eingehenden Gespräche, die mir für die Erkenntnis der wahren Intentionen Max Schelers unerlässlich gewesen sind.

Ich danke nochmals Herrn Professor Dr. Martin Heidegger für die wertvollen Hinsweise bezüglich Max Schelers Aufnahme von *Sein und Zeit*.

Für einige Berichtigungen in der deutschen Ausdrucksweise, die dem Verfasser durch seine langjährige Tätigkeit in Amerika einerseits, und durch den deutschen Sprachgebrauch Max Schelers und Martin Heideggers andererseits, erschwert wurde, danke ich Herrn Professor Dr. Wilhelm Dupré, De Paul University, Chicago, und Frau Dr. Ingeborg Schüssler von der Universität Köln. Für einige technische Hilfe danke ich Herrn Professor Dr. Henry J. Koren, St. Leo College, Florida, und Herrn Professor Dr. K. H. Volkmann-Schluck, Universität Köln.

Chicago, im Februar 1969 M.S.F.

EINLEITUNG

Das Nichtgesagte eines Fragmentes gehört zu dem, was es sagt. Zu dem, was das Fragment *Sein und Zeit* (SZ) sagt, gehört das Offenbleiben einer Reihe von Fragen. Eine dieser Fragen lautet: „Was besagt ontologisch Wert"? Auf dem Boden der materialen Wertethik versteht sich diese Frage als eine nach der sittlichen Seinsweise der Person. Dies nicht nur, weil die Person ein ausgezeichneter Träger von bestimmten Wertarten ist, sondern weil zum Menschen überhaupt – gleich wie man ihn ontologisch freilegt – personales Wertsein gehört. Jede Ontologie vom Menschen muss deshalb dem Personsein und seiner sittlichen Seinsart Rechnung tragen.

Worin besteht der äussere Rahmen der vorliegenden Untersuchung? In ihrem Mittelpunkte steht die Frage nach der ontologischen Begründung des Wertseins. Sie kreist deshalb um zwei grundlegende Werke der Philosophie der Gegenwart: Heideggers *Sein und Zeit* und Schelers *Der Formalismus in der Ethik und die materiale Wertethik*. Auf den ersten Blick scheint die Heranziehung der betreffenden Werke Heideggers und Schelers erzwungen, wenn nicht gewagt. Denn der Denkweg Martin Heideggers leitet selten in die Thematik der Werte und kaum in die des personalen Wertseins. Demgegenüber ist Schelers Denken wesentlich Wertdenken. Es ist deshalb richtig, wenn man sagte, dass Heidegger und Scheler bezüglich der Wertfrage durch einen Abgrund getrennt sind. Allerdings wird das Folgende aufzeigen, dass dieser Abgrund vornehmlich formal besteht, und dass das Wert-Denken Schelers und die Ontologie des Daseins Heideggers bisher ungesehene Berührungspunkte besitzen, die weder konstruiert noch konstruierbar sind, sondern einfach bestehen.

Über das Verhältnis beider Denker sei zunächst einiges vorausgeschickt, weil es für das Verständnis unserer Thematik nützlich ist. Hierbei darf sich der Verfasser auf zwei Briefe Martin Heideggers berufen, in denen er selbst die Stellung Max Schelers zu SZ umschreibt und auch seine Achtung vor der Grösse Schelers bekundet. Im Frühjahr 1927 schickte Heidegger sogleich nach dem Erscheinen von SZ ein Exemplar an Max Scheler in Köln. Heidegger schreibt: „Scheler war einer der ganz wenigen, wenn nicht sogar der einzige, der damals sogleich die Fragestellung in S.u.Z. erkannte. Er deutete sie allerdings als die höchste Ebene und den Abschluss des metaphysischen Fragens, während ich sie als den Ansatz eines neuen Denkens begriff. Vor allem beschäftigte M. Sch. die Thematik: Dasein, Zeitlichkeit und Tod. Er plante eine ausführliche Auseinandersetzung mit meinem Versuch. Die Sache beschäftigte ihn bis zu seinem unerwarteten frühen Tod im Mai 1928 in Frankfurt. Von M. Sch.'s Frau Maria erfuhr ich später, das Exemplar von S.u.Z. sei vollbeschrieben mit Anmerkungen .... Im Wintersemester 1927/28 lud mich M. Sch. zu einem Vortrag nach Köln ein in die von ihm geleitete Kant-Gesellschaft. Ich sprach über das Schematismuskapitel in Kants Kritik der R. Vern. (vergl. meine Schrift, Kant u. das Problem der Metaphysik 1. Aufl. 1929 – Vorwort). Bei dieser Gelegenheit – ich wohnte bei Scheler drei Tage – sprachen wir uns zum letzten Mal und erörterten ausführlich die Frage des Verhältnisses der Fragestellung v. S.u.Z. zur Metaphysik und zu seiner Auffassung der Phänomenologie ...."[1]

Die geplante ausführliche Auseinandersetzung Schelers mit SZ ist als Manuskript im Nachlass Schelers erhalten. Sie sollte das fünfte Kapitel seiner Abhandlung „Idealismus–Realismus" bilden, von der uns heute nur das zweite und dritte Kapitel zugänglich sind. Am 30. Juni 1965 schreibt Heidegger: „... Ich habe Schelers Arbeiten immer ganz besonders hochgeschätzt; sein früher Tod ist mir ein unersetzlicher Verlust gewesen ..." Als am 19. Mai 1928 Scheler einem Herzschlag in Frankfurt erlag, liess Heidegger seine Studenten sich erheben, um mit ihnen trauernd die schwere Lücke zu bedenken, die mit Schelers Tod in das Denken der Gegenwart gerissen wurde. Von diesem Tage an war aber auch zunächst ein unübersehbares Material von

[1] Datiert den 6. August 1964.

Manuskripten hinterlassen, das eine Vielzahl von Bänden umfasste, deren thematische und chronologische Ordnung mit viel Mühe gesichtet werden musste. Erschwert wurde das Bemühen um die Herausgabe der Gesammelten Werke in der Zeit von 1933 bis 1945, als unglückliche Umstände der Wirren des zweiten Weltkrieges überwunden werden mussten, um das Material zu retten. Nach 1945 musste die Herausgabe der Werke Schelers erneut begonnen werden.

Dass Max Scheler der Frage von SZ offensichtlich weitaus näher stand als etwa Edmund Husserl [2], ist einer Reihe von Quellen zu entnehmen. Man vergleiche zum Beispiel das, was sich bei H. Berl findet, wo sich Scheler kurz vor seinem Tode über sein Verhältnis zu Heidegger äußert:

„Lassen Sie bald einmal Heidegger sprechen, ‚Sein und Zeit' ist eines der wichtigsten Bücher. Heidegger ist natürlich von meiner Anthropologie beeinflusst. Ich fürchte überhaupt: die Anthropologie wird die kommende philosophische Mode ... Heidegger ist ein statischer Denker, ich ein dynamischer. Ihm liegen die Griechen näher, mir die jüdischen Propheten". [3]

Weitaus wichtiger als die Heranziehung äusserer Kriterien für die Aufnahme Schelers von SZ ist für uns das bei ihm selbst zu findende Material. Um dem Verständnis des späten Scheler, das auch heute noch mehr von Vorurteilen getrübt, als durch systematische Forschung erhellt ist, gerecht zu werden, ist in der vorliegenden Untersuchung das gesamte veröffentlichte Schrifttum herangezogen worden. Desgleichen sind eine Anzahl der teilweise sehr schwer verständlichen Randnotizen Max Schelers in dessen Ausgabe von SZ benutzt worden. Diese erwiesen sich als überaus wertvoll, um den späten Scheler in ein gemässeres Licht zu rücken. Die Randnotizen lassen deutlich die relativ positive Aufnahme Max Schelers von Heideggers Werk, im Gegensatz zu Husserl, erkennen, obwohl kein Anlass besteht, anzunehmen, dass Scheler seine eigene Metaphysik, die er nicht mehr fertigstellen konnte und in die die vorliegende Arbeit einen Einblick versucht, in irgendeiner Form zu revidieren gedachte. Dafür bestand schon deshalb kein Anlass, weil die Frage: „Was besagt ontologisch Wert"? in SZ nicht weiter verfolgt wird.

[2] Vgl. Alwin Diemer, *Edmund Husserl*, Meisenheim am Glan, 1965, 2. Aufl. S. 19 f.

[3] Dieses Zitat ist dem Aufsatz H. Berls entnommen, der den befremdlichen Titel trägt: „Begegnungen mit jüdischen Zeitgenossen: Max Scheler oder das Chamaeleon der Philosophie", *Menorah*, 10, 1932.

Es versteht sich, dass innerhalb des uns zur Verfügung stehenden Materials die vorliegende Untersuchung der ontologisch gestellten Wertfrage eine begrenzte ist. Wollte man dem Fragenkomplex weiter nachgehen, als wir es tun werden, so müsste der ganze noch unveröffentlichte Nachlass Schelers benutzt werden. So lässt sich das bislang unveröffentlichte grössere Manuskript zum fünften Teil von „Idealismus – Realismus", auf das wir oben hinwiesen, nur im Zusammenhang des gesamten Nachlasses interpretieren.

Die vom Verfasser getroffene Auswahl der Marginalien Schelers zu SZ, die im Anhang dieses Bandes systematisch aufgeführt sind, fusst auf der Ansicht, dass man nur solche zu benutzen im Stande ist, die sich mit Sicherheit im Lichte der gesamten veröffentlichten Schriften Max Schelers verstehen und interpretieren lassen. Dieses Vorgehen ist dem dynamischen Denken Max Schelers deswegen gemässer, als sich seine Einheit in seinen Schriften immer je aufs neue herausbildet und er es stets streng vermied, seinen Werken ein System oder eine Form aufzupressen [4]. Die Einheit der weitreichenden Thematiken Schelers entquillt gewissermaßen ihrem Hintergrunde, dessen Grundlinien sich in seinen verschiedenen Schriften in je neuem Lichte zeigen. Solche die Einheit seines Denkens bestimmende Grundlinien, die in der mannigfaltigen Weite seines philosophischen Fragens nicht immer leicht sichtbar sind, habe ich bezüglich des Ressentiment, der materialen Wertethik und des Ordo Amoris bereits nachgewiesen[5]. Diese einheitsstiftende Grundlinien liessen sich auch für die Problemkreise der Reue, der Scham, der Demut und der Freiheit aufweisen. Im zweiten Abschnitt des dritten Teiles dieser Arbeit glauben wir, die Einheit Schelerschen Denkens aufs neue nachgewiesen zu haben. Es kann heute in der Schelerforschung nicht genug auf die Einheit in Schelers Denken verwiesen werden, da es ohne Zweifel ein Mangel eines Teiles der Schelerliteratur war, jenes einheitliche Denken nicht zu sehen, so dass man gewisse Widersprüche in ihm zu finden glaubte. Eher gilt, was Ortega y Gasset einmal sagte, nämlich dass sich im Denken Schelers ein

[4] *Schriften aus dem Nachlass*, I, S. 509.

[5] M. Frings, „Der Ordo Amoris bei Max Scheler. Seine Beziehungen zur Materialen Wertethik und zum Ressentimentbegriff", in: *Zeitschrift für Philosophische Forschung*, XX/1, 1966.

seltsames Gespann zeige: Klarheit und Unordnung. Es wurde denn auch streng vermieden, Schelersche Gedanken in SZ einzubauen oder SZ durch solche etwa zu ergänzen. Deshalb kennzeichnet die Untersuchung Gegenüberstellung, Parallelisierung und Abhebung der Philosphie Schelers und Heideggers. Integrierung und Konstruktion wurde streng vermieden. Die Verschiedenartigkeit der Stellenweise nur schwer zu verstehenden Bemerkungen Schelers zu SZ und das Fehlen von Randbemerkungen da, wo man sie erwarten würde, sowie die heute noch nicht fertiggestellte Herausgabe der Gesammelten Werke brachten es mit sich, dass der vorliegenden Untersuchung notwendig jene einheitliche Vollständigkeit fehlt, die man gewöhnlich erwartet. Für diese auch aus der Thematik selbst entspringende Schwierigkeit bittet der Verfasser um Nachsicht. Was jedoch die Ansichten des Verfassers bezüglich der ontologischen Begründung des Wertens anbetrifft, so trägt er hierfür allein die Verantwortung, insofern als das, was wir den Ort des Wertens nennen werden, weder bei Heidegger noch bei Scheler in dem behandelten Sinne zu finden ist.

Was Heideggers Denkweg anbelangt, so empfahl sich, ausschliesslich SZ heranzuziehen, d.h. den „Heidegger I", wie ihn P. William J. Richardson zu nennen pflegt [6]. Denn Scheler hat nur dieses Buch Heideggers gelesen. Der Zuschnitt auf den frühen Heidegger sowie die Berücksichtigung des veröffentlichten Schrifttums Schelers steckte für uns den Umkreis der Probleme ab, in dem sich Max Scheler beim Lesen von SZ befand. Es ist somit vorteilhafter, sich auf diesen Zuschnitt zu beschränken und den späteren Heidegger nicht mit in Betracht zu ziehen, obwohl sich dies oft sehr nahelegte. Es braucht nicht besonders hervorgehoben zu werden, dass die Randnotizen Schelers allein kein klares Bild seiner Ansichten zu SZ abgeben, wollte er doch selbst diese eingehend darlegen. So läßt sich z.B. nicht aus den Notizen erkennen, daß die drei Themen, die ihn laut Heidegger interessierten, Dasein, Tod und Zeitlichkeit, Gegenstand seines besonderen Interesses sind; dasselbe gilt von anderen Hinweisen zu Schelers Ansichten zu SZ, wie man sie hier und da in der philoso-

[6] W. J. Richardson, S.J., „Heideggers Weg durch die Phänomenologie zum Seinsdenken", in: *Philosophisches Jahrbuch*, 72 Jahrg. 1965.

phischen Literatur um die dreissiger Jahre findet. So behauptet G. Misch zum Beispiel, dass Scheler „notierte", Heideggers „Unternehmen" sei Theologie [7]. Was die Thematik von Person und Dasein selbst anbelangt, so wurde auf ihre Bedeutung bereits hingewiesen [8].

[7] G. Misch, „Lebensphilosophie und Phänomenologie", in: *Philosophischer Anzeiger*, 1929/30, 4. Jahrg. S. 235.

[8] M. Frings, *Max Scheler. A Concise Introduction into the World of a Great Thinker*, Pittsburgh, Duquesne University Press, 1965, S. 202–207.

I. TEIL

LEBENSRELATIVE WERTE

I. ABSCHNITT

DIE LEBENSRELATIVEN WERTE UND DIE DINGWIRKLICHKEIT

§ 1. *Allgemeines zur Wertfrage in Sein und Zeit und Schelers Der Formalismus in der Ethik und die materiale Wertethik.*

Da in SZ eine Besprechung der materialen Werte nicht erfolgt, sondern Werte, wenn erwähnt, als vorhandene Werte verstanden sind, setzt die Untersuchung bei der Bestimmung der materialen Werte ein. Diese Bestimmung wird auf das Verhältnis von Wert – Vorhandenheit – Zuhandenheit zugeschnitten, weil das Dasein sich vielfach und zunächst beim innerweltlich besorgten Zeug aufhält, weshalb Heidegger die Werte in der Thematik der Vorhandenheit sieht, sie jedoch in der Sphäre der Zuhandenheit sowie dem Mitsein, das das Dasein ist, nicht in Betracht zieht. Heidegger sagt:

„Werte sind *vorhandene* Bestimmtheiten eines Dinges. Werte haben am Ende ihren ontologischen Ursprung einzig im vorgängigen Ansatz der Dingwirklichkeit als Fundamentalschicht" [1].

Damit wird gesagt, dass alle Werte ontische Bestimmtheiten in der Vorhandenheit (*existentia*) sind, d.h. sie sind als Zutaten oder Prädikate vorhandener Dinge gedacht. Auch Husserl setzt Werte als Prädikate:

„Der Wert ist, was er ist, nur als Wert eines Objektes. Das Objekt ist, was es ist, aber abgesehen von seinem Wert" [2].

Husserl sagt auch:

„... Axiologische Prädikate setzen logische voraus ..." [3].

[1] SZ S. 99.
[2] F I 24 S. 6.
[3] F I 23 S. 33.

Husserl und Heidegger scheinen darin einig zu sein, dass die Werte zur Ding*haftigkeit* gehören. Auch liegt ihrem Wertbegriff zugrunde, dass die doxisch-theoretischen Akte in ihrem Primat vor den emotiven Akten durch das Wertsein (im später zu präzisierenden Sinne) kaum zu erschüttern sind [4].

Auf dem Boden der materialen Wertethik kann dieser Auffassung offenbar nur sehr bedingt zugestimmt werden [5]. Schon Schelers Kritik an Kant zeigt deutlich, dass er nicht nur einen frontalen Angriff gegen Kants formales Apriori führt, sondern auch gerade gegen dessen Auffassung, dass die Werte Kräfte und Wirkungen von etwas sein sollen; ein Angriff, der sich zugleich gegen Nietzsche richtet:

„Alle Werte (auch die Werte ‚gut' und ‚böse') sind *materiale Qualitäten*, die eine bestimmte Ordnung nach ‚hoch' und ‚nieder' zu einander haben; und dies unabhängig von der Seinsform, in die sie eingehen, ob sie z.B. als pure gegenständliche Qualitäten, oder als Glieder von Wertverhalten (z.B. Angenehm- oder Schönsein von etwas), oder als Teilmomente in Gütern, oder als Wert, den ‚ein Ding hat,' vor uns stehen. Die damit statuierte letzte Unabhängigkeit des Seins der Werte von Dingen, Gütern, Sachverhalten kommt in einer Reihe von Tatsachen scharf zur Erscheinung". [6]

Bestimmt man die Werte aber als Dingqualitäten, so setzen sie einen subjektiven Setzer im Sinne Kants oder Nietzsches voraus. Jedoch widerspricht die materiale Wertethik auch jedem Setzer von Werten:

„Für uns ist die Person ausschliesslich letzter Wert*träger*, nicht aber und in keinem Betracht Wert*setzer*" [7].

Weil Heidegger die Werte mit der Vorhandenheit verknüpft, muss für ihn die Ontologie des Daseins auch die Voraussetzung für jede formale und materiale Wertlehre sein. Denn es ist ja gerade die Vorhandenheit (in welcher Sphäre alle Werte sein sollen), die

[4] Jedoch lässt Husserl in den *Ideen* II, S. 194 den Personenverband als soziale Subjektivität durch das Lieben und Hassen aufeinander bezogen sein, und nicht zunächst in doxischen Akten. Um 1920 nähert sich Husserl überhaupt dem *Formalismus* Schelers, wenigstens was seine wertethischen Ansätze betrifft. Vgl. hierzu Alois Roth, *Edmund Husserls ethische Untersuchungen*, Phaenomenologica, 7, Den Haag, 1960, S. 166.

[5] Auf Seite 286 von SZ sagt Heidegger, die Idee des Wertes sei eine aus dem Vorhandensein abgezogene Idee. Scheler vermerkt hier „? S Formalismus". Das Fragezeichen deutet auf seine Nichtübereinstimmung hin. Der Teil III dieses Bandes wird hierauf eingehen.

[6] *Der Formalismus* S. 40. Von weiteren Belegen sei hier abgesehen. Jedoch sei hier bereits auf den Unterschied von Wertding und Dingwert hingewiesen (siehe *Der Formalismus*, S. 43).

[7] *Der Formalismus* S. 519. Vgl. auch S. 553, Fussnote 2.

dem Sein des Daseins *nicht* zukommt [8]. Somit kann die Wertfrage in SZ nur in Verbindung mit der Vorhandenheit aufkommen. Darum wird auch selbst dann kein Bezug auf das Wertsein genommen, wenn Heidegger auf die Thematik der Person bei Scheler eingeht. Im Zusammenhang der Abgrenzung der Ontologie des Daseins von der philosophischen Anthropologie sagt Heidegger nur – und das ganz im Sinne Schelers –, dass die Person kein Ding, keine Substanz und kein Gegenstand sei, und dass sie eben nur im Aktvollzug selbst und der Einheit des Er-lebens aufgefasst werden dürfe [9]. Ist Heideggers Charakterisierung der Person an dieser Stelle von SZ ebenso treffend wie kurz, so müssen wir es dennoch wertethisch zurückweisen, die Person nicht als Wert-person aufzufassen und ihrem Wert-sein nicht Rechnung zu tragen. Denn tut man dies, so wird überhaupt der für die Ontologie des Personseins so wichtige Unterschied zwischen Wertperson und Personwert völlig übersehen. Ist es doch wertethisch gerade durch das Sein der Wert-person, dass nicht-lebensrelative Werte, d.h. ab-solute Werte, sein können, gleichgültig, ob diese Werte zur Vorhandenheit gehören oder nicht.

§ 2. *Wert, Ding und die natürliche Weltanschauung*

Wird von Scheler eine gewisse Unabhängigkeit der Werte von den Dingen behauptet, so fragt es sich, was „Wert" heisst. Damit eng verbunden ist die Frage: was ist ein lebensrelativer Wert, und was ist ein nicht-lebensrelativer Wert [10]? Diese Fragen behandeln wir zuerst innerhalb des oben angegebenen Rahmens. Erst dann sind wir in der Lage, über die materiale Wertethik hinauszugehen, ohne ihren Boden zu verlassen, um die Frage der Ontologie des Wertseins erst einmal zu stellen. Wir glauben, über die materiale Wertethik deshalb hinausgehen zu dürfen, weil Scheler selbst den *Formalismus* nur als Grundlegung elementarer

[8] SZ S. 42.

[9] ebenda S. 47–48.

[10] Wir gebrauchen den Ausdruck „lebensrelativ" (oder „vitalrelativ") und nicht den sonst bei Scheler üblichen Ausdruck „daseinsrelativ", um das Lesen nicht durch die Daseinsproblematik unnötig zu erschweren. Obwohl Scheler hier und da die Wörter „lebensrelativ" „vitalrelativ" gebraucht, ist der Terminus „daseinsrelativ" bzw. „die Daseinsrelativität" ein Kernterminus in Schelers Phänomenologie und sollte sonst nicht ersetzt werden. Ihr entspricht was Husserl das „Subjektiv-Relative" nennt.

Ansatzpunkte auffasste, die er in einem späteren Werke auszubauen gedachte [11].

Unter anderem unterscheidet Scheler drei Aktarten und deren zugehörige Korrelate: Denkakte, die *Begriffe*, Wollensakte, die *Projekte* und emotive Akte, die *Werte* als Korrelate haben. Im Gegensatz zu Husserl weist Scheler auf, dass die emotiven Akte und deren Korrelate, die Werte, in der Fundierungsordnung aller Aktarten primär sind. Ihr Primat, so behauptet Scheler, liegt nicht in der zeitlichen Ordnung, sondern in der Ordnung der Gegebenheitsweise. Dies klingt zunächst wie eine These, von der man eine Begründung erwartet. Eine solche Begründung bewegt sich aber, wenn sie versucht würde, im Bereich der Denkakte, und sie müsste deshalb den Primat der emotiven Akte, wozu vornehmlich das ⟨Lieben⟩ und ⟨Hassen⟩ gehören, verdecken. Deshalb gibt Scheler, wenn er auf die Fundierungsverhältnisse der Akte eingeht, vielfach Beispiele, die aus der Breite der „natürlichen Weltanschauung" gewonnen sind.

Das, was Scheler überall „natürliche Weltanschauung" zu nennen pflegt, hat mit einer Weltanschauung nichts zu tun. Mutatis mutandis entspricht Schelers „natürliche Weltanschauung" der Husserlschen „Lebenswelt" und auch, wie sich zeigen wird, dem, was Heidegger die „Alltäglichkeit" nennt. Bereits in der Abhandlung, die den charakteristischen Titel trägt: „Lehre von den drei Tatsachen" (ca. 1911/12), unterscheidet Scheler scharf zwischen den Tatsachen der natürlichen Weltanschauung, den phänomenologischen Tatsachen und denen der Wissenschaft. Es heisst dort:

„Da (in der natürlichen Weltanschauung) gibt es keine Atome, Moleküle, Massen; aber da gibt es auch keinen Versuch, Farben und Töne, durch Schwingungen zu ersetzen. Da gibt es keinen ‚Raum' und keine ‚Zeit' im Sinne der Geometrie und Chronometrie und der strengen Definitionen, die sie von diesen Gebilden geben. Da ist eine doch wenigstens halbwegs anschauliche, farbige, tönende Welt, die uns umgibt, gegliedert in *Ding- und Vorgangseinheiten* – mit deren *Zerstörung* die Wissenschaft ihre Arbeit beginnt" [12].

Wir fügen dem noch zwei Stellen aus der Abhandlung: „Phänomenologie und Erkenntnistheorie" (1913/14) zu:

[11] Vgl. das Vorwort zur 1. Auflage und die „Einleitende Bemerkungen" 1. Teil. des *Formalismus*.

[12] *Schriften aus dem Nachlass*, I, S. 450 f.

„Hierbei (bei der Unterscheidung von dinglichen Einheiten) sind diese Einheiten solche einer gewissen Brauchbarkeit oder praktische Bedeutungseinheiten, z.B. Glocke – Aufstehen .... Die Dingheit als Wesen erscheint nicht im Dinge der natürlichen Wahrnehmung, sondern wird darin verschlungen, dies und jenes als ein Ding zu kennzeichnen" [13].

Mit Bezug auf die Erzeugung der wissenschaftlichen Tatsache, wie sie sich gemäß der Marburger Schule vollzieht, sagt Scheler:

„Hierbei übersieht diese ganze Betrachtung, dass die gesamten *Formen und Strukturen*, die, unabhängig vom Denken im Sinne des Urteilens und unabhängig von den Gegenständen und Prinzipien reiner Logik und ihnen gegenüber völlig zufällig, an dem Gegenstandsbereich der *natürlichen* Weltanschauung haften, genau so auch in die *wissenschaftliche* Gegenstandswelt eingehen, ohne auch nur eine Spur ihres Wesens dabei abzulegen" [14].

Ist die Dingheit in der Struktur der natürlichen Weltanschauung durch die Einheiten von „Brauchbarkeiten" verschlungen, so scheint sich Scheler hier bereits dem Sachverhalt merklich zu nähern, der in der die Zeugganzheit konstituierenden „Dienlichkeit" und „Verwendbarkeit" Heideggers zum Ausdruck gebracht wird. Ja, für Scheler steckt sogar in der natürlichen Weltanschauung bereits eine *„Kryptomechanik"*, die wir erst *„zerbrechen"* müssen, um zum phänomenalen Sein zu gelangen [15].

Die natürliche Weltanschauung, die Scheler zwischen phänomenologischer und wissenschaftlicher Erfahrung ansetzt, ist ein

„...Medium, in dem wir leben und unsere Geschäfte betreiben. Noch heute geht in ihr die Sonne auf und unter, ist bald rot, bald weiss – und trotz Kopernikus ist unter uns als der feste, unbewegliche Boden, auf dem wir schreiten, eine manigfach gekrümmte Fläche, die ‚Erde' mit einem gewissen Horizont; und über uns leuchten in der Nacht die Sterne, und der Mond ist bald voll, bald eine Sichel" [16].

[13] ebenda, S. 385.

[14] ebenda, S. 403. Vgl. auch *Der Formalismus*, S. 441.

[15] *Vom Umsturz der Werte*, S. 272. Hierzu gehört auch das, was bereits Max Scheler das „Geschobenwerden" innerhalb der natürlichen Weltanschauung genannt hat (*Schriften aus dem Nachlass*, I, S. 161. Auch dieses „Geschobenwerden" steht in merklicher Nähe zu Heideggers Gedanke, demgemaß 〈man selbst〉 im alltäglichen Handel und Wandel 〈mitschwimmt〉 (SZ. S. 388).

[16] *Schriften aus dem Nachlass*, I, S. 451. Scheler nimmt auch bereits verschiedene Erlebnisstrukturen in der natürlichen Weltanschauung zwischen Mann und Frau, Rassen und Kultureinheiten an. Vgl. dazu *Schriften aus dem Nachlass*, I, S. 400 f.; *Die Wissensformen und die Gesellschaft*, S. 61; *Vom Umsturz der Werte*, S. 205; *Vom Ewigen im Menschen*, S. 24; 88.

Es ist dieses Medium der unmittelbar erlebten Welt der natürlichen Weltanschauung, in welchem Scheler die primäre Wertnehmung ansetzt. Wir geben hierzu einige Beispiele aus dem *Formalismus*, um zu zeigen, welche Rolle die Werterfassung spielen kann. Begegnen wir einer Mitperson, die wir nicht kennen, so kann diese uns unmittelbar „anziehend", „abstossend", „sympathisch", „nicht zugänglich" oder auch „nichtssagend" sein, ohne dass wir auf der Stufe der primären Wertnehmung wissen, woran das liegt oder was der Träger solcher Werterfahrungen ist. Deutlich ist diese Tatsache in dem Extremfall der sog. „Liebe auf den ersten Blick" zu sehen. Denn es ist ausgeschlossen, dass der „Zug" (= Liebe), der sich wenigstens bei einem der Sichbegegnenden ereignet, auf der Seite der Denk- und Wollensakte läge, geschweige denn von diesen verursacht sei. Darüberhinaus ist die Person, bei der sich die Wertnahme einstellt, insofern zufällig, als der Sichverliebende niemals die Geliebte oder den Geliebten vor dem „ersten Blick" kannte. Das Werterlebnis ist im besagten Fall, sofern er echt ist, ein solches des *Ver*liebten. Allerdings ist der Zufälligkeitscharakter der personalen „Liebe auf den ersten Blick" bei Scheler wiederum vital bedingt. Denn er nimmt sog. „*Wahlspielräume für den Eros*" an, die erblich sind, und die in der Vitalsphäre liegen. Dabei sagt er auch, dass gegenseitige Kollokationen männlichen und weiblichen Miteinanderseins durch Generationen hindurch bestimmten „*Schemata erotischer Schicksale*" unterliegen [17]. Ob solche erotischen Schicksale jedoch schliesslich in den Arten der Wertpersontypen und damit den faktischen Personwerttypen fundiert sind, deren jeweilige Vorherrschbarkeit epochal wechselt, bleibt dem Text nach bei Scheler offen. Diese Frage ist aber eher zu bejahen als zu verneinen. Denn der „erotische Typ", den der Mensch heimlich mit sich trägt, ist für Scheler im Erfüllungs- oder Widerstreitsbewusstsein gegeben. Diesem Typ nähert sich eine Mitperson jeweils oder widerstreitet ihm [18].

Ferner: wir erfassen ein Kunstwerk (z.B. ein Gemälde) „längst" als schön oder nicht, ohne zu wissen, an welchen Eigenschaften dies liegen mag. Was bei der Werterfahrung erlebt ist, ist eben nicht die Technik der Farbenverteilung oder das Bildding, son-

[17] *Schriften aus dem Nachlass*, I, S. 376.
[18] ebenda, S. 267.

dern das ⟨Schöne⟩, das am Kunstwerk erlebt ist. Denn schon jede Beurteilung oder Begründung darüber, was ein Kunstwerk darstellt oder meint, oder ob es schön bzw. nicht schön sei, kann beliebig schwanken, ohne dass uns der vorgängige Wert, auf den die Beurteilungen bezogen sind, mitschwankt. Ähnlich ist uns auch beim Eintritt in ein fremdes Zimmer das Zimmer selbst z.B. „unfreundlich", „einladend" oder „ungemütlich", ohne dass uns während des Eintretens die Träger dieser Werte bewusst sind, obschon solche Träger nachträglich für diese Werterfahrung verantwortlich gemacht und in die Wertnahme *hinein*gelegt werden können. Scheler sagt:

> „In solchen Fällen offenbart sich sehr klar, wie *unabhängig im Sein* die Werte von ihren Trägern sind" [19].

§ 3. *Werttäuschung und Träger sinnlicher Werte*

Da Scheler in diesen und anderen Beispielen von Trägern und Werten spricht, zugleich aber die Unabhängigkeit der Werte von den Trägern behauptet, sind diese Beispiele zunächst nicht ganz überzeugend. Deshalb muss unsere nächste Frage lauten: Was ist ein Wertträger? Jedoch scheide man hier genau im Sinne der materialen Wertethik. Die Frage heisst nicht: Was ist ein Träger von Werteigenschaften? Wird die Frage bereits so gestellt, dann liegt in ihr die Annahme, Werte seien vorhandene Eigenschaften von Dingen, oder sie seien Akzidentien im Sinne von Aristoteles. Demgegenüber versucht die phänomenologische Wertethik aufzuweisen, dass bestimmte Werte dies insofern eben nicht sind, als ihr „Ort" in einem nicht-dinglichen Sein zu suchen ist. Wie sich im Folgenden zeigen wird, setzt Scheler im Gebrauch des Wortes „Träger" einen je verschiedenen Sinn voraus. Übersieht man dies, so kann es dazu führen, die Werte überhaupt und allgemein als Dingqualitäten aufzufassen. Vor allem kann sich auch dabei eine Verfälschung des Schelerschen Wertbegriffs einstellen, wenn man nicht das Ganze der uns zugänglichen Schriften Schelers voll berücksichtigt. Es bleibt z.B. die Frage des Verhältnisses zwischen Wert und Ding im *Formalismus* unklar, denn sie wird hier im Zusammenhang mit den Gütern gesehen und als eigentliche Frage

[19] *Der Formalismus*, S. 40.

kaum gestellt [20]. Das heisst aber nicht, dass Scheler sich nicht anderen Ortes klarer dazu geäußert hätte.

Genauer äussert er sich zu dieser Frage in der Abhandlung „Die Idole der Selbsterkenntnis" (1911), deren Verständnis er zweifellos im *Formalismus* (1913) voraussetzt. Es wird in den „Idolen" gesagt, dass eine wesentliche Täuschungsquelle unserer natürlichen Erfahrung darin liegt, dass wir die Neigung haben,

„Tatsachen, Verhältnisse, Formen, die dem *materiellen* Dasein angehören, *auf die seelische Welt zu übertragen*" [21].

Das heisst, dass die physische Wirklichkeit ins Auge springt, wobei das Seelische, obwohl es nicht weniger ursprünglich „existiert", wie Scheler sagt, der Aussenwelt entgegengestellt wird. Diese Täuschung der Aufmerksamkeits*richtung* trifft für Scheler auch auf die Werterfahrung zu:

„Das Fühlen des Menschen ist zunächst ganz und gar auf die an den *Sachen* haftenden Werte gerichtet" [22].

Eine Täuschungsquelle und Täuschungsrichtung bezüglich der Werterfahrung besteht in einem „Von-*aussen*-nach-*innen*-Verlegen *gefühlter* ... *Wertqualitäten der Dinge* und Situationen in die Gefühlssphäre der eigenen *Ichzustände*" [23]. So freuen wir uns, sagt Scheler, wenn uns eine teure Speise vorgesetzt wird, oder wir sind traurig, wenn wir in einem Leichenzug gehen. Obwohl man sich in diesen Situationen freut bzw. trauert, sind das Freuen und Trauern „unecht". Das Gefühl ist gleich einem „Schatten" des echten Gefühls (z.B. der echten Trauer über den Tod eines Nahestehenden) von den Dingen (z.B. Speise) oder der Situation (z.B. Leichenzug) herübergenommen. Von hier ist es dann nur ein kleiner Schritt, das Ding als wert*behaftet* und das Haften selbst als vorhanden zu betrachten. Dabei wird jedoch übersehen, dass das Gefühl, sowie das Fühlen eines Gefühls, echte Tatsachen des Seelischen, das existiert, sind.

Allein solche Täuschungen der Aufmerksamkeitsrichtung dürfen, was die Wertnehmung anbelangt, in der Struktur der natürlichen Weltanschauung nicht als geringfügig abgetan werden. Denn

[20] Vgl. ebenda, S. 42–44.
[21] *Vom Umsturz der Werte*, S. 257.
[22] ebenda, S. 262.
[23] ebenda.

im natürlichen Verhalten werden solche Wertqualitäten ein „Signal'' für Ziele und Handlungen, wobei das Signal bestimmend für das praktische Tun in der Umwelt ist. Deshalb sagt Scheler auch, dass in der natürlichen Weltanschauung die Werte bezüglich ihrer Träger zunächst zu blossen „Unterscheidungs mitteln'' (v. Verf. gesp.) werden, und dass dies besonders bei den Nutzwerten (2. Modalität) der Fall ist, die in der künstlichen sozialen Wesensform, der Gesellschaft, im Gegensatz zur organismischen Lebensgemeinschaft, ihren Ausdruck etwa im Preisschildchen und dem Symbolwert „Geld'' finden. Es braucht kaum gesagt zu werden, dass man in einer solchen Be-wertung vom ⟨Wert⟩ absehen kann, um ein (wertes) Ding zur Erschauung zu bringen [24]. Es sei hier auch schon darauf hingewiesen, dass das Hammerding, von dem Heidegger in SZ spricht, und dessen Handlichkeit durch das Hämmern entdeckt ist [25], wertethisch *völlig* unter die Reihe der Nutzwerte fällt. Ob allerdings die Reihe der Nutzwerte bereits dem Umgang mit „Zeug'' vorhergehen und diesen Umgang sozusagen einkreisen, werden wir später zu betrachten versuchen. Gleichgültig, ob dieser Auffassung ontologisch zugestimmt werden kann oder nicht, in keinem Falle würde dies etwas über die den Nutzwerten überlegenen Personwerte besagen. Denn es ist ja gerade die Kluft zwischen allen lebensrelativen Werten, wozu auch die Nutzwerte gehören, und den vom Wesen des Lebens und der Sinnlichkeit ab-soluten Personwerten, die den Menschen vom Tier wesenhaft unterscheidet. Denn dem Tier muss, zum mindesten eine instinktive Erfassung oder selbst eine solche praktischer Intelligenz, was sowohl die Nutzwerte anbelangt als auch die Werte des Angenehmen und Unangenehmen, zugesprochen werden.

Demnach läge eine Quelle der Werttäuschungsrichtung bei der

[24] Wenn Scheler sagt, dass die besagte Be-wertung in der Aufmerksamkeitstäuschung der sozialen Wesensform der Gesellschaft liegt und dass diese Täuschung für eine Lebensgemeinschaft (z.B. Familie, Stamm, entlegene Landbevölkerung, Clan) nicht charakteristisch ist, so ist dies nicht gerade einsichtig. Denn des Wort „Wert'' hat immer schon den Sinn eines Unterscheidungsmittels gehabt (Grimm). Das gleiche trifft zu für das griechische τίμή und τίμᾶω, ebenso für lateinisch *aestimatio* und *pretium* (zu griechisch πι-πράσκω, verkaufen, das wiederum zu Sanskrit par-, pana passt. Die Geschichte der Wortbedeutung von „Wert'' in den besagten Sprachen, die kaum Abweichungen vom Begriff des Unterscheidungsmittels zeigt, scheint Schelers Theorie der Aufmerksamkeitstäuschung in der natürlichen Weltanschauung eher zu stützen, als sie hauptsächlich der Gesellschaft zuzuschreiben, wenn sie auch hier z.B. durch das Preisschildchen am augenfälligsten ist.

[25] SZ S. 69.

Dingwahrnehmung in dem Fühlen, das zunächst „ganz und gar" auf die an den Sachen haftenden Werte gerichtet ist. Die Wertmaterie liegt dabei im Umkreis der Wertreihen des Angenehmen und Unangenehmen, des Nützlichen und Unnützlichen, also innerhalb dessen, was vitalrelativ auf die Umwelt des Lebewesens Mensch ist [26]. Werden Werte in dem Idol der Täuschungsrichtung von den von aussen-nach-innen gefühlten Wertmaterien verstanden, so ist es berechtigt, das Ding einen Wertträger zu nennen. Nicht aber ist das Ding Wertträger, wenn der Wert im obigen Beispiel als Gegebenheit sinnlichen Fühlens genommen wird. Wie sehr sich auch sinnliche Werte berechnen und verrechnen lassen, so sind sie doch erst gegeben als Tatsachen des sinnlichen *Fühlens*. Die unterste Wertreihe von „Angenehm" und „Unangenehm" ist überhaupt zunächst symbolisch für die sinnlichen Leibzustände und vorerst keine denkerische Zutat auf das Ding hin:

> „Diese primäre Gegebenheit des Wertes zeigt auch schon die Tatsache, dass bei gehemmter Erinnerung und Erwartung und die Wertqualität des betreffenden Inhalts *zuerst* in die Erscheinung tritt. Wir wissen noch, dass es ein ‚Angenehmes', ein ‚Peinliches', ein ‚Wichtiges', oder ‚Gleichgültiges', ein ‚Schmutziges' oder ‚Edles' war, das uns ‚da gestern passierte' oder was morgen eintreten soll, aber wir wissen noch nicht, *was* es ist. So schauen Werte von Erlebnissen, indem wir sie fühlen, immer in den hellen Bezirk unseres Bewusstseins herein, deren Träger selbst uns *nicht* gegenwärtig sind" [27].

Jedoch hängen die Werte auch nicht in der Luft, selbst wenn ihre primäre Gegebenheit schon in der sinnlichen Gefühlssphäre zugestanden würde. Denn „dass" es ein Angenehmes war, ist nicht denkbar ohne das, „was" es war, gleichgültig, ob das, „was' es war, emotiv dem „dass" des Angenehmen nachgängig in der Gegebenheitsordnung ist. Die Vorgegebenheit sinnlicher Werte wie „Angenehm" und „Unangenehm" ist deshalb auch nicht so sehr in den betreffenden Wertqualitäten selbst zu sehen, sondern eher in dem fest umrissenen Umkreis der ganzen sinnlichen Wertmodalität selbst, innerhalb dessen ein Wert erfahren ist. Diese Wertreihe von Unangenehm auf Angenehm hin (Vorzugsrichtung) ist zunächst ein Schema, das auf die Artorganisation des mensch-

[26] Bezüglich „Werkzeug", „Umwelt", „vitale Organisation vgl. *Vom Umsturz der Werte*, S. 144.
[27] ebenda S. 274–275.

lichen Lebens insofern ⟨passt⟩, als ein bestimmter ⟨Ausschnitt⟩ von Wirklichkeit sich in diesem Schema darstellt und sich diese Werte in diesem Ausschnitt wiederum realisieren. Es braucht kaum betont zu werden, dass jede Spezies ihren Ausschnitt von sinnlichen Umweltgegebenheiten hat. Es kann z.B. eine Nahrung für ein Tier nützlich sein, wogegen sie für den Menschen Gift ist. Dies jedoch mit einer Wertrelativität zu verwechseln, wäre wertethisch falsch. Denn die schon in den unteren sinnlichen Werten steckende emotional-apriorische Vorzugsordnung von Unangenehm auf Angenehm umspannt sozusagen *jede* Spezies und bleibt in den Variationen der Umweltgegebenheiten aller Tiere konstant. Diese sinnliche Vorzugsordnung ist auch beim Menschen konstant. Denn es ist apriori unmöglich, das Angenehme dem Unangenehmen nachzusetzen. Die Vorzugs*richtung zwischen* Werten ist deshalb apriori in allen Umwelten und deren sinnlicher Erfahrung. Das konstante Schema des Umkreises der Wertreihe Angenehm und Unangenehm und die darin enthaltene Vorzugsrichtung auf den je positiven Wert hin ist gegen die Umwelt und die Dinge ein indifferentes Wertfaktum. Diese Indifferenz steckt schon in der sinnlichen Wertreihe selbst vor der Kenntnis und dem Umgang mit Dingen [28]. Damit sei gesagt, dass schon diese untersten materialen Werte ein „Fenster" sind, das nicht mehr und nicht weniger von Wirklichkeit gewahren lässt, als der Umkreis dieses Fensters zulässt [29].

Da sich alle sinnlichen Gefühlszustände, Empfindungsgefühle und Fühlfunktionen innerhalb des sinnlichen Wertumskreises von „Unangenehm" auf „Angenehme" vollziehen, ist nicht nur alles leiblich Zuständliche und Empfindungsmässige, sondern auch die Wert-Gegebenheit des Sinnlichen selbst, in ihrer Vorzugsordnung auf das Angenehme hin, ein „unentrinnbares Schicksal alles Lebendigen" [30]. Die Frage, ob ein solcher Wert-

[28] Siehe *Der Formalismus*, S. 125 f.; *Die Wissensformen und die Gesellschaft*, S. 109 f.; *Schriften aus dem Nachlass*, I, S. 440 f.

[29] Siehe hierzu: *Schriften aus dem Nachlass*, I, S. 348.

[30] *Schriften zur Soziologie und Weltanschauungslehre*, S. 38. L. Landgrebe fordert in seiner Untersuchung „Lehre vom Empfinden" in: *Zeitschrift für Philosophische Forschung*, VIII/2, 1954, dass Empfindung als Struktur des In-der-Welt-seins zu begreifen ist. Das Sich-selbst-empfinden ist demnach für ihn ein Strukturelement der Heideggerschen Befindlichkeit. Auch Scheler spricht von einem „So- und Anders ⟨befinden⟩" des Leibes (siehe *Der Formalismus*, S. 410, 471 ff; „Idealismus – Realismus" Teil III, in: *Philosophischer Anzeiger*, 2, 1927/28). Wenn Landgrebe das Empfindungsbewusstsein als kinästhetisches Bewusstsein des ⟨Ich bewege mich⟩

umkreis und dessen Vorzugsordnung auch zur Personsphäre in der Weise gehört, dass er das Schicksal der Person wertethisch ausmacht, wird uns später beschäftigen.

Fassen wir das oben Gesagte zusammen, so können wir sagen: In der von Scheler festgestellten Täuschung sind in der natürlichen Weltanschauung Werte, d.h. in unserem bisherigen Zusammenhang die sinnlichen Werte, von aussen nach innen übertragen. Der sinnliche Wert kann fälschlich in die Dinge selbst ver-legt werden. Sage ich: „Der Sessel ist angenehm" so ⟨ist⟩ der Sessel eigentlich *nicht* angenehm. Schliesse ich die besagte Täuschung aus, so muss der Satz lauten: „Der Leib ⟨angenehmt⟩ den Sessel, weil der Wert „Angenehm" zunächst eine Gegebenheit sinnlichen *Fühlens* ist. Der eigentliche Träger des sinnlichen Wertes ist deshalb der *Leib*.

Schon bei den untersten sinnlichen Werten besteht eine Indifferenz gegenüber Dingen. Diese besteht in der Vorzugsordnung von „Unangenehm" auf „Angenehm" hin. Zwar hat jede Spezies verschiedene „angenehme" und „unangenehme" Umweltdinge und sinnliche Wirklichkeitsausschnitte, jedoch ist der Umkreis der Wertreihe fest und konstant durch die Art und Höhe der sinnlichen Wertmaterien selbst. Der eigentliche Träger sinnlicher Werte ist der Leib, der uneigentliche Träger sinnlicher Werte ist durch die Täuschungsrichtung das Ding. Die Frage, ob die „Kryptomechanik" der natürlichen Weltanschauung mit ihren Einheiten von „Brauchbarkeiten", in denen die Dinge „verschlungen" sind, von Nutzwerten geleitet ist, liessen wir offen. Ein formaler Zusammenhang mit Heideggers Begriffen der „Dienlichkeit" und „Verwendbarkeit", die die Zeugganzheit konstituieren, wurde mit dem, was Scheler die natürliche Welt-

aufweist, d.h. eines Bewusstseins, einen Spielraum zu haben (in dem das Sich-bewegen sinnliche Affektionen beschafft), dessen letzte Charaktere die des Anziehenden und Abstossenden sind, so bleibt hier unserer Meinung nach offen, wonach sich das Anziehen und Abstossen richtet. Dies dürfte im ⟨Werten⟩ des Leibes, dem Leibwerten, gesucht werden, d.h. in dem Wert spielraum von „Unangenehm" auf „Angenehm" hin, der das ⟨ich bewege mich⟩ und dessen Spielraum bereits absteckt und die Vorzugsrichtung auf das Anziehende hin bereits auslegt. Wie berechtigt es auch sein mag, mit Landgrebe und Scheler von Empfindungsbefindlichkeit und Leibbefindlichkeit zu sprechen, so sei doch gesagt, dass Heidegger das Strukturelement des Sich-empfindens und seinen Wertspielraum wiederum duich das gestimmte Ganze und schliesslich durch die „Stimme des Seins" ermöglicht sehen würde oder könnte.

anschauung nennt, festgestellt, Eine Stelle aus Schelers *Formalismus* möge uns das bisher Gesagte nochmals verdeutlichen:

„Sowenig wie die Farbennamen auf blosse Eigenschaften von körper lichen Dingen gehen – wenn auch in der natürlichen Weltanschauung die Farbenerscheinungen meist nur so weit genauer betrachtet werden, als sie als Unterscheidungsmittel verschiedener körperlicher Einheiten fungieren –, so wenig gehen auch die Namen für Werte auf die blossen Eigenschaften der dinglich gegebenen Einheiten, die wir *Güter* nennen[1]. Wie ich mir ein Rot auch als blosses extensives Quale z.B. in einer Spektralfarbe zur Gegebenheit bringen kann, ohne es als Belag einer körperlichen Oberfläche, ja nur als Fläche oder als Raumartiges überhaupt aufzufassen, so sind mir auch *Werte* wie angenehm, reizend, lieblich, aber auch freundlich, vornehm, edel, prinzipiell zugänglich, ohne dass ich sie mir hierbei als Eigenschaften von Dingen oder Menschen vorstelle" [31].

[31] *Der Formalismus*, S. 35.

VITALWERTE

§ 4. *Wert und Leben*

Da die Aufgabe der Untersuchung darin besteht, einen Einblick in die Ontologie des Personseins zu geben, können wir uns bei der Beschreibung der Vitalwerte (edel, gemein) kurz fassen.

Wie das Wort „Lebenswert" schon ausdrückt, gehören diese Werte zum allgemeinen Leben, das ihr Träger ist. Der Träger sinnlicher Werte ist der Leib, der Träger der Lebenswerte ist das Leben als Ganzes. Das Verhältnis von Leben und Leib kann, wie Scheler sagt, mit dem Magnetismus von positiv und negativ geladenen Körpern verglichen werden. Das universelle Leben betrachtet er als einen Kampf mit dem Toten, der sich in einem Zwischenprozess des Weltgeschehens vollzieht „ein rauschendes Fest im Gange der Welt – aber auch ein Versuch mit untauglichen Mitteln" [1]. Der Kampf mit dem Toten ist aussichtslos. Das universelle Leben ist eine „Episode" des Weltprozesses, die einst nicht war, und einst nicht sein wird. Innerhalb dieser Episode des universellen Lebens ist die wachsende Grösse der Lebensdauer des Individuums bezahlt mit der sich vermindernden Dauerfähigkeit der Art. Das Mass der Entwicklungsfähigkeit im Kampf mit dem Toten nimmt mit Organisationshöhe ab:

> „Je grösser und manigfacher das tote Gepäck wird, mit dem das Lebewesen sich der Umwelt entgegenwirft, desto gefährdeter wird seine Existenz" [2].

Hieraus folgt, dass die Lebenswerte ebenso wie die sinnlichen Werte vergängliche Werte sind. Sie gelten nur in Bezug auf die Erscheinungen des Lebendigen und die Tatsachen des Lebens.

[1] *Vom Ewigen im Menschen*, S. 234. Vgl. auch *Der Formalismus*, S. 297.
[2] ebenda S. 236.

Da das Leben für Scheler kein Begriff, sondern „Wesen" ist, bilden alle Werte von „Gemein" in Richtung auf „Edel" und von „Schlecht" in Richtung auf „Tüchtig" eine abgeschlossene Wertreihe, die Lebenswerte. Es besteht analog zum Verhältnis sinnlicher Werte und den Dingen eine gewissen Indifferenz der Lebenswerte in ihrem Verhältnis zu Organismen. „Edel" kann ein Mensch sein, aber auch ein Ross, eine Rasse und eine Baum. Hierbei unterscheide man, dass ein Lebewesen „edel" *sein* kann, wie der Mensch, und dass ein Lebewesen „edel" *erscheinen* kann, wie ein Ross oder eine alte Eiche. Niemals aber ist „edel" ein Auto, ein Hammer oder ein Tisch, weder in seinem Sein *noch* in seinem Erscheinen. Diese Dinge lassen nur sinnliche Werte zu, wohingegen Ross, Baum und Mensch auch Vitalwerte zulassen. Die Lebenswerte sind im vitalen Fühlen gegeben, d.h. dem lebenden Fühlen der Person. Die sinnlichen Werte sind, wie wir sagten, im sinnlichen Fühlen gegeben, d.h. dem leibenden Fühlen. An all dem ändert sich auch nichts, wenn die Sprache Worte besitzt, die die Lebenswerte auf die Dinge durch die oben besprochene Täuschung überträgt. Der Edelstein z.B. ist *nicht* edel. Diese Täuschung, zum mindesten im Sprachgebrauch, ist nicht selten im Geschäftsleben der sozialen Wesensform der Gesellschaft. Sie dürfte nach Scheler ihre Wurzel im Ressentiment haben, wonach der moderne Mensch die Luxuswerte und Nutzwerte, d.h. die Zivilisationswerte den Lebenswerten weitgehend vorzieht [3]. Wenn sich das so verhält dann verringert das Ressentiment nicht nur die Vitalwerte auf die niedrigeren Nutz- und Luxuswerte, sondern es täuscht sogar die Nutzwerte in die Lebenswerte *hinein*, d.h. der Stein ist edel „gemacht" [4].

[3] *Vom Umsturz der Werte*, S. 115 ff.

[4] In diesem in der Literatur über das Ressentiment kaum berücksichtigten Falle ist das Ressentiment nicht im eigentlichen Sinne „detraktierend", sondern das Entwertungsfluidum gefällt sich darin, die echten Werte noch nach aussen hin vorzuziehen, dergestalt aber, dass der Hass in Richtung auf den höheren Wert zwar bleibt, aber durch *Benutzung* verfälschten Vorziehens eines höheren Wertes so verdeckt ist, dass der Mitperson der Ressentimenthass kaum oder gar nicht offenkundig werden kann. In diesem Fall einer total verfälschten ⟨Ressentimentliebe⟩ ist der höhere Wert geradezu ein „Tor" mit dem das Ressentimentsubjekt umgeht, wie es will, und dabei in dieser Benutzung des höheren Wertes seine Ressentimentbefriedigung sucht. Unter diese Ressentmenterscheinung könnte bereits das die Vitalwerte von Gesundheit, Kraft, Frische herabziehende Krüppelressentiment fallen. Schon der amerikanische Schriftsteller T. Wolfe erwähnt den selten im Konzertsaal fehlenden Krüppel. Sucht sich hier das im verletzten Lebenswert fundierte Krüppelressentiment zu befriedigen, indem es die still sich bindende Personeinheit, die alle Teilnamhe an

Betrachten wir die Lebenswerte mit Scheler als eine in sich abgeschlossene Modalität, weil das Leben selbständiges Wesen ist, so heisst das wiederum nicht, dass die Lebenswerte keinen Bezug zu den Luxus- und Nutzwerten und auch zu den höheren Personwerten hätten [5]. Der Wert „Angenehm" z.B. bestätigt sich nur durch die Organisation des universellen Lebens und dessen Lebenswerte. Das Dasein von Lebenswerten wie „Edel" und „Gemein", „Tüchtig" und „Schlecht", lässt sich *ohne* die Wertreihe des Angenehmen denken, nicht aber umgekehrt. Denn diese richten sich danach, ob sie den Wert des Lebens und die Lebenswerte steigern können oder nicht [6]. Die Rangordnung der Lebenswerte selbst ist wiederum erschaut in geistigen Werten (z.B. denen der Wahrheits*erkenntnis*), weil sie nur in solchen erfassbar sind. Nur weil es geistige Werte und geistige Akte (wie die fühlende Anschauung des geistigen Fühlens) gibt, die streng von sinnlichen und vitalen Fühlfunktionen zu unterscheiden sind, kann das Leben Wert haben und hat es Wert. Ohne die geistigen Akte wäre das universelle Leben ein „wertindifferentes Sein" [7].

Die Fundierung der Lebenswerte (3. Modalität) in den geistigen Personwerten und dem geistigen Fühlen wird bisweilen übersehen, weil Scheler immer wieder betont, dass die Lebenswerte nicht auf die geistigen Werte „⟨zurückgeführt⟩" werden könnten [8]. Diese Unzurückführbarkeit darf aber nicht mit den Erkenntnisakten und dem Erkenntnisverhältnis der Person bezüglich der Wertarten verwechselt werden, in denen sie ⟨gegeben⟩ sind. Dies geschieht aber, wenn man in der Wertethik einen Widerspruch sehen will, der darin bestehen soll, dass die Lebenswerte den je höheren Personwerten geopfert werden sollen. Hieraus folge dann, dass man eigentlich ein Leben einem geistigen Wert opfern müsse,

Personwerten (hier die Schönheit des Kunstwerkes) gemäss Scheler stiftet, „benutzt", um „wie die anderen zu sein"? Der Fall schliesst natürlich die echte Kunstliebe eines Krüppels aus.

[5] Die Berechtigung, von fünf anstatt von vier Wertmodalitäten in der Wertethik zu sprechen, habe ich bereits gezeigt. Vgl. M. Frings, „Der Ordo Amoris bei Max Scheler", a.a.O. S. 61, Fussnote 15.

[6] *Vom Umsturz der Werte*, S. 126f. Über Entwicklungswerte und Erhaltungswerte vgl. *Schriften aus dem Nachlass*, S. 311.

[7] *Der Formalismus*, S. 115.

[8] ebenda II, B. 5.

was eine unmögliche ethische Zumutung sei [9]. Eine solche Kritik übersieht vollends, dass der Selbstwert der menschlichen Person jedem materialen Wert ausdrücklich wertethisch überlegen ist und dass zum Wert des menschlichen Lebens derjenige Wert der Person gehört, durch dessen Aktsein das Leben einen geistig gefühlten und erkannten Wert hat, d.h. durch den Wert der Person, der Selbstwert heisst, und der an keinem „Ding" haftet. Es wird also hier der Unterschied zwischen Personwert und Wertperson und der jeweiligen Fundierung von Vitalwerten und dem Wert des Lebens, sei es personal oder nicht, nicht hinreichend erfaßt.

§ 5. *Leben und Tod*

Da der Träger der sinnlichen Wertreihe von „Unangenehm" in Richtung auf „Angenehm" der Leib, der Träger der Vitalwerte von „Gemein" in Richtung auf „Edel" das universelle Leben ist, fragt sich jetzt, da zu Leib und Leben der Tod gehört, wie das Verhältnis der lebensrelativen Werte zu Tod und Leben zu denken ist. Diese Frage ist bislang wahrscheinlich nirgends in der Schelerforschung behandelt worden [10]. Was das Verhältnis von Person und Tod anbelangt, so kann gesagt werden, dass Scheler diese Thematik zwar gesehen, sie aber nicht (im veröffentlichten Schrifttum) ausgearbeitet hat. Es ist anzunehmen, dass er durch die Todesthematik in SZ auf neue Bahnen geführt wurde, zumal Heidegger, wie wir sahen, belegt, dass die Todesthematik Scheler besonders interessierte.

Wenn wir uns hier in die Thematik von Leben und Tod einlassen, so tun wir dies nicht, um sie derjenigen von SZ zur Seite zu stellen oder sie in das Todesproblem der Ontologie des Daseins einzubauen, obwohl, wie wir sehen werden, überraschende Parallelen zu Heidegger bereits bei Max Scheler auffindbar sind. Wir gehen hier auf dieses Problem ein, um den Schelerschen Standpunkt, wonach Werte nicht unbedingt Dingwirklichkeit voraussetzen, weiter zu beleuchten.

[9] So etwa bei Lewis A. Coser (ed.), *Ressentiment*, The Free Press of Glencoe, New York, 1961, S. 11 f. Ähnliches findet sich auch bei G. Gurvitch, *Les Tendences Actuelles de la Philosophie Allemande*, Paris, Vrin, 1944, S. 144 ff. und in *Morale Théorique et Science des Moeurs*, Paris: P.U.F. 1948 2 ed.

[10] Vgl. dazu die *Scheler – Bibliographie* von Wilfried Hartmann.

Die Grenze, die dem Lebensprozess gesetzt ist, ist nicht das sog. Ende des Lebens im herkömmlichen Sinne, sondern diese Grenze liegt im ganzen Lebensprozess. Darum ist das Sterben ein „*Aktus des Lebewesens selbst*", d.h. dieser Aktus gehört zu den *Lebens*akten. Auch in SZ heisst es, dass der Tod im weitesten Sinn genommen ein Phänomen des Lebens ist [11]. Der Tod stellt sich, sagt Scheler, als absolutes Vergehen dar, im schroffen Gegensatz zum Vergehen einer Sache oder eines Dinges, die nur relativ zu anderen Dingen entstehen und vergehen [12]. Denn im anorganischen Weltprozess kann durch künstliche Einschnitte das Entstehen und Vergehen bald so und bald so aufgefasst werden. Die Lebewesen aber sind etwas, das absolut entsteht und vergeht – nicht bloß wie die toten Dinge, die relativ auf ein betrachtendes Subjekt entstehen und vergehen. Macht Scheler somit einen radikalen Unterschied zwischen absolutem Vergehen (Leben) und relativem Vergehen (Dinge), dann unterliegt dem Leben, was das Vergehen und Entstehen anbelangt, ein anderer Zeitsinn als der, den wir die objektive Zeit nennen. Es muss z.B. das „Altern" streng unterschieden werden von der Fortdauer eines Dinges, denn die Dinge „altern" nicht. Das Erlebnis des Alterns und Sterbens ist überhaupt ein Hingehen auf ein Nichtmehrleben-*können*, dessen sich der Mensch im eigenartigen Wechsel von Gegenwart, Vergangensein und Zukunft gewiss ist [13]. Die erlebte Zeit des Lebewesens hat eine ihr eigene Formeinheit.

Diese Eigenform besteht im Lebensprozess des Menschen in drei Erstreckungen: im unmittelbaren Wahrnehmen, im unmittelbaren Erinnern und im unmittelbaren Erwarten [14] Sie sind in jeder Auffassung von Dingen, Vorgängen und psychischen Erlebnissen enthalten. Diese Eigenform ist also nicht mit den mittelbaren Erstreckungungen des Wahrnehmens, Erinnerns und Erwartens zu verwechseln, denn dass wir die *un*mittelbaren Erstreckungen haben, wird weder erschlossen noch geurteilt. In

[11] SZ S. 246. Das Folgende stützt sich weitgehend auf die Abhandlung „Tod und Fortleben" in: *Schriften aus dem Nachlass*, I, S. 9–64 (Laut der Herausgeberin der Ge-Werke Schelers stammen die Manuskripte zu dieser Abhandlung von 1911 bis 1916. Die 1924 gehaltene Vorlesung Max Schelers an der Universität Köln über „Altern und Tod" ist als Manuskript im Nachlass erhalten.)

[12] Siehe hierzu auch das auf den Seiten 240f. und 244f. in SZ Gesagte.

[13] „Idealismus – Realismus", a.a.O. S. 309.

[14] Über die Unmittelbarkeit dieser vgl. das im *Formalismus* unter „Erinnerung", „Erwartung" des Sachregisters Gesagte, vor allem S. 349 Fussnote 1. Unmittelbarer Erinnerung und Erwartung entspricht Husserls Retention und Protention.

jedem unmittelbaren Moment des Lebensprozesses erleben wir das „Enteilen" und das „Herankommen von etwas", worin das Erleben den Gehalt von unmittelbarer Erinnerung und Erwartung gewissermaßen abgibt und in Bezug auf das gegenwärtige Erleben wirksam wird. In allen unmittelbaren Zeitpunkten gehört der Gesamtgehalt von Gegenwart, Vergangensein und Zukunft, die ihrerseits wiederum ihren eigenen wachsenden und abnehmenden Umfang besitzen, zum Gesamtumfang aller Erstreckungen. Der Zukunftsumfang nimmt beim Altern dadurch ab, dass der Umfang des Vergangenseins *wächst* und der Umfang des Gegenwärtigen zwischen beiden „zusammengepresst" wird. Diesen Verhalt drückt Scheler folgendermassen aus:

„Auch wenn wir alle möglichen Erfahrungen, die ein Mensch von Altern und Tod an anderen Menschen oder Lebewesen gewinnen könnte, ausgegeschlossen denken; ferner alle Erfahrungen, die der Mensch durch den Ablauf seiner Organgefühle und Zustände machen würde, als da sind steigende Mattigkeit und steigendes Unvermögen zu gewissen Verhaltungsweisen, so würde einzig der Wechsel seiner erlebten Zeitstruktur selbst ihm die Einsicht geben können, dass er einem ‚Nichtmehrlebenkönnen' überaupt, also dem Tode entgegenschreitet. Denn das dynamische Erleben der Zukunft hat je einen bestimmten Spielraum von miterlebter Mächtigkeit, der im Alternsprozess ständig abnimmt, wogegen die andere Sphäre, die Sphäre des ‚Unabänderlichen' – Gewesenen in Form eines intensiv steigenden dynamischen Widerstandserlebnisses seiner auf die ‚Gegenwart' drückenden und lastenden ‚Vergangenheit' ständig zunimmt; die Gegenwartssphäre selbst aber wird von der Kindheit bis zum Greisenalter immer enger und ‚flüchtiger'. Es ist eine bekannte Tatsache, dass, ganz angemessen diesem Gesetz des Strukturwechsels, dieselbe objektive Zeit (z.B. eines Jahres) mit wachsendem Alter immer rascher und rascher zu verlaufen scheint. Aus diesem Grunde sind auch Altern und Tod – so wenig wie Leben selbst – keine Erfahrungsbegriffe, sondern sind mit jenem Grundgesetz, das als Wesensgesetz des Lebens (als psychophysisch indifferenten Faktums) angesehen werden muss, dass nämlich jeder Schritt der spontanen Selbstveränderung den Spielraum möglicher Selbstveränderung und Entwicklungen selber einengt, notwendig mitgesetzt" [15].

[15] „Idealismus – Realismus" a.a.O. S. 309f. Vgl. dazu auch *Schriften aus dem Nachlass*, I, S. 19f. In „*Idealismus – Realismus*" wird das Zeitproblem auch in das Widerstandsproblem gestellt (Teil III), nachdem Scheler SZ gelesen hatte. Heidegger sucht in SZ die Widerständigkeit qua Realität (ein Angelpunkt der Schelerschen Metaphysik) zurückzuweisen. Hierauf wird die vorliegende Untersuchung im einzelnen noch eingehen. Jedoch war Heidegger 1927 erst während der Drucklegung von SZ Schelers Abhandlung: „Erkenntnis und Arbeit" in: *Die Wissenformen und die Gesellschaft* zugänglich geworden, worin das Widerstandsproblem weiter erörtert wird. Heidegger hat in seinen späteren Schriften nicht mehr zu diesem wichtigen Thema Stellung genommen. Heidegger ist deshalb formal auch der Unterschied zwischen Scheler und Dilthey entgangen. Vgl. hierzu das in „Idealismus –

Die immanente Richtung des Lebens auf die Zukunft selbst hin ist dabei unabhängig vom Fürchten des Todes sowie vom Lebens- und Todestrieb. Was den Todestrieb überhaupt anbelangt, und die ständige Todesmöglichkeit und Todesgewissheit, so besteht nach Scheler ihnen gegenüber eine grosse „Ruhe", „Heiterkeit" und ein „Sicherheitsgefühl" in der natürlichen Weltanschauung. Diese Ruhe und Heiterkeit nennt Scheler eine der „allersonderbarsten und die äusserste Verwunderung herausfordernden Erscheinungen" und bezeichnet sie mit dem *„metaphysischen Leichtsinn"* des Menschen, der in seiner Gleichmut und Fröhlichkeit angesichts und trotz der in jedem Augenblick seines Lebens tieferlebten Todesevidenz besteht [16].

Die der Ontologie des Lebens vorgeordnete Ontologie des Daseins kommt bei Heidegger zu ähnlichem Ergebnis, denn das Dasein „verdeckt" sich das eigenste Sein zum Tode „flüchtig vor ihm" [17]:

„Das Man besorgt dergestalt eine ständige Beruhigung über den Tod" [18].

Damit ist das alltägliche Ausweichen vor dem Tod ein „uneigentliches Sein zum Tode" [19]. Der „metaphysische Leichtsinn" und das „uneigentliche Sein zum Tode" sind dem Sinne nach zwei völlig gleiche Elemente in der „natürlichen Weltanschauung" Schelers und der „Alltäglichkeit" Heideggers. Was das eigentliche Sein zum Tode anbelangt, so finden wir bezüglich dieser Thematik, sofern sie auf die Person zutrifft, bei Scheler nur Hinweise [20]. Er sagt, dass die biologisch zweckmässige Täuschung

Realismus" gesagte. Heideggers Zurückweisung der Widerständigkeit ist auf den Seiten 209f. von SZ zu finden.

16 *Schriften aus dem Nachlass*, I, S. 28.

17 SZ S. 251.

18 ebenda S. 253.

19 ebenda S. 259. Es finden sich an diesen Stellen von SZ keine Randbemerkungen Schelers, wohl weil ihm dieser Gedanke des uneigentlichen Seins zum Tode nichts Neues schien.

20 Zum Beispiel in: *Schriften aus dem Nachlass*, I, S. 36–49; „Idealismus – Realismus" a.a.O. S. 315f. und S. 324. Bezüglich der ersten Evidenz der Schelerschen Metaphysik (worüber unten mehr) sagt Scheler, dass die Selbstverständlichkeit, dass überhaupt Etwas ist, den Tod und die unermessliche Zeit, da wir nicht waren und sein werden, so „merkwürdig" verleugnen lässt, und die Grundaktart der Philosophie, die ⟨Demut⟩ durch natürlichen Stolz verdeckt. Siehe hierzu: *Vom Ewigen im Menschen*, S. 96. Über die Grundaktarten der Philosophie siehe den Aufsatz „Vom Wesen der Philosophie" im gleichen Band.

des Nichtsehens des Todes den Menschen nur die „kleine und nächste Strecke" erblicken lässt, die er zu durchlaufen hat, aber sie lässt ihn sich nicht über seine Bahn „erheben", um sie in ein Ganzes zusammenzuschauen:

„Wer vom Tode nicht nur ‚weiss' aus Büchern, oder vom Hörensagen nicht nur mit ihm ‚rechnet', wie die Lebensversicherung, sondern ihn vor sich sieht, der sieht ‚sich' – d.h. seine geistige Person (v. Verf. gesp.) sein wahres Selbst – zu gleicher Zeit über den Tod als Lebensgrenze hinausschwingen und hinausleben"[21].

Lässt der metaphysische Leichtsinn der natürlichen Weltanschauung nur die „nächste" Strecke des Menschen, die er zu durchlaufen hat, erblicken, so ist das Ganze der Bahn, zu der der Tod gehört, das Fernste[22]. Da sich jedoch bei Scheler zu der Thematik Person und Tod – die das personale Wertsein in Betracht zu ziehen hätte – nicht mehr als das hier Gesagte finden läßt, wenden wir uns jetzt dem Thema Wert und Tod zu, wobei lediglich die lebensrelativen Werte, bei denen wir noch stehen, Berücksichtigung finden.

§ 6. *Tod und Wert*

Alle leiblichen Phänomene sind von den rein seelischen dadurch unterschieden, dass sie extensiv sind, d.h. sie weisen ein „Auseinander", „Nebeneinander" und „Nacheinander" auf. Der Schmerz z.B. breitet sich bei wechselnder Intensität über das Bein aus[23]. Er kann zum Kitzel werden, wobei die betreffende Leibstelle keine Veränderung erfährt. Auch kann der Schmerz von einem Leibglied auf ein anders herüberwandern, ohne dass hier eine Ortsveränderung im Sinne von Raum, Zeit und mechanischer Bewegung vorläge. Der Schmerz ist weder in einem Raum und einer Zeit, noch auf einem Ding, sondern er ist im extensiven Ganzen einer Leibstelle „ergossen"[24]. Der Leib ist nicht „in" Raum und Zeit, sondern ist ein Bezugssystem von ihnen[25]. Der grösstmögliche Schmerz des Leibes muss derjenige Schmerz sein,

[21] *Der Genius des Krieges und der deutsche Krieg*, Verlag der weissen Bücher, Leibzig, 1915, S. 122.

[22] Vgl. hierzu auch in SZ S. 262: „*Die nächste Nähe des Seins zum Tode als Möglichkeit ist einem Wirklichen so fern als möglich*".

[23] Der Schmerz ist wertethisch ein negatives sinnliches Zustandsgefühl.

[24] *Der Formalismus*, S. 421 ff.

[25] ebenda S. 421. Dass die Phänomenologie des Leibseins bei Merleau-Ponty in

bei dem der Unwert des sinnlichen Zustandsgefühls (Schmerz) maximal ist. Dies ist der Schmerz, der sich bei optimaler Extensivität ⟨durch⟩ den ganzen Leib dergestalt ergiesst, dass er mit der Zertrümmerung der Extensivität des Leibes zusammenfällt (Todeskrampf) [26]. Der Unwert des Schmerzes einschliesslich dem des Todenkrampfes ist der im sinnlichen Fühlen gegebene Unwert „Unangenehm" als des tiefsten Wertes der Wertränge. Ist im sinnlichen Fühlen des Leibes und beim Tode als letztem Lebensakt ein negatives Werterlebnis erlebt, dann stellt der Unwert „Unangenehm", bzw. die sinnliche Wertreihe „Angenehm" „Unangenehm" überhaupt die untereste Grenze aller materialen Werte in Hinsicht auf den Tod dar. Eben das sagt die materiale Wertethik, denn der Tod

„hebt wesensgesetzlich auch den Wert des Angenehmen auf (resp. der ganzen Wertsphäre des ‚Angenehm' und ‚Unangenehm')" [27].

Ist die letzte leibliche Werterfahrung die des maximalen Unwertes „Unangenehm", so folgt hieraus schon syllogistisch, dass das letzte Vitalgeschehen überhaupt, nämlich der Tod des universellen Lebens als Ganzes, das der Träger der Lebenswerte ist, mit dem Unwert „Schlecht" zusammenfällt.

Dieser Gedanke, von Scheler selbst nicht ausgepsrochen, unterliegt aber dem, was er die „Tendenz" des universellen Lebens nennt", die Tendenz von Werthöherem auf Wertniedrigeres [28]. Innerhalb der Episode des universellen Lebens und dessen Wertabnahme ist die Episode der menschlichen Existenz als eine Episode unter anderen wieder eingeschlossen. Die Wertabnahme zeigt sich hier insbesondere durch den sog. „Fortschritt" der Hervorbringung angenehmer und nützlicher Dinge, den Scheler

ihren Ansätzen bereits bei Max Scheler zu finden ist; zeigen deutlich der Teil 2, VI, A e–f des *Formalismus* und der Teil III von „Idealismus – Realismus" a.a.O.

[26] Die deutsche Sprache drückt dies mit dem Verb „verrecken" aus, das erst nach 1700, auch auf den Menschen bezogen, hochsprachlich ausschied. „Verrecken" gehört zu „recken" d.h. „ausstrecken", sich in gerader und rechter Richtung ausdehnen. Hierzu gehört das lateinische „porrigere" (zu regere) und griechisch ὀςέγειν. „Verrecken" ist ein sich im Tode strecken, „alle Vier von sich strecken" (Grimm). Das „ver"–deutet an, das die Glieder sich ent-recken d.h. sich nicht normal in extensiver Richtung lagern, und deshalb nicht ⟨im⟩ Ganzen der Leibkonstitution und seinen extensiven Richtungen bleiben und so auseinanderfallen. Französisch „crever" (zu lateinisch crepare, deutsch „krepieren") steht dem deutschen „ver-recken" nahe. Englisch „to croak" (verrecken) drückt den Schmerzens*laut* im Todeskrampf aus (wie ein „Krähe" schreien).

[27] *Der Formalismus*, S. 115.

[28] Siehe hierzu *Vom Ewigen im Menschen*, S. 233–240.

des öfteren als „internationalen Zivilisationskosmos der menschlichen Gesellschaft" bezeichnete. Die Menschheit verstrickt sich zunehmend durch das Leistungs- oder Herrschaftswissen, der untersten Wissensart, in den „Kosmos der Mittel":

„Das Werk wird immer mehr des Menschen Meister"[29].

Demgegenüber haben die geistigen Güter keinen „Fortschritt", vor allem nicht das Wesenswissen, die Metaphysik. Das Gesetz des Alterns und Sterbens durchherrscht das universelle Leben und die Menschheit als Ganze. Dieses Gesetz hat seinen Niederschlag im Wertwachstum der teilbaren und berechenbaren Luxus- und Nutzwerte. Dieser Niederschlag ist innerhalb des universellen Lebens mit dem Preis des Todes und der Wertabnahme der Güter der Person und des Geistes bezahlt:

„Die Welt ist nicht darauf angelegt, durch ihre eigenen Kräfte sich im Sinne steter Werterhöhung zu entwickeln. Wenn sie nicht durch Erlösung emporgehoben wird, wenn nicht je höhere Kräfte auf sie frei heruntersteigen, die sie immer neu emporheben, so – fällt sie ins Nichts. Stete Gefahr des Todes und mögliche Wiedergeburt nur durch Erlösung – stetes In-die-Knie-Sinken und ⟨Gehen⟩ nur durch eine emporhebende Kraft, die sich erbarmend herabsenkt, uns immer wieder auf die Füsse zu stellen: Das erscheint uns als ein zutreffenderes Bild des sich geschichtlich bewegenden Menschen als das des munteren Laufjungen, der in ein immer schöneres Land aus eigenen Kräften ins Unbegrenzte läuft –" [30].

Die steigende Verstrickung des Menschen in das Wertreich des Angenehmen und Nützlichen, die mit dem immer schwerer werdenden „toten Gepäck" von Dingen, mit denen er umgeht, Hand in Hand geht, geschieht auf Kosten dessen, was Heidegger den „rechtverstandenen Rückschritt" nennt [31]. Hat das universelle Leben seinen Wert nicht durch sich selbst, d.h. nicht durch das sinnliche und vitale Fühlen und dessen Wertkorrelate, sondern durch das geistige Fühlen und die fühlende Anschauung der Person, so stellt sich jetzt die Frage nach der Bestimmung des materialen Personwertes als Frage nach seinem Bezug auf die Dingvorhandenheit und auch, wie wir sehen werden, auf die Zuhandenheit in dem Sinne, wie Heidegger diese Begriffe gebraucht.

[29] ebenda, S. 239. Über das Leistungs-, Wesens- und Erlösungswissen vgl. *Philosophische Weltanschauung*, Lehnen Verlag, München, Dalp Taschenbucher, Band 301, S. 7–15.

[30] *Vom Ewigen im Menschen*, S. 240.

[31] Siehe hierzu die Grussbotschaft Heideggers an das „Heidegger Symposium" in Chicago 1966, kommentiert von William J. Richardson, S.J., in: *Heidegger and the Quest for Truth*, by M. Frings, ed., Quadrangle Books, Chicago, 1968.

II. TEIL

ABSOLUTE WERTE

PERSONWERTE

§ 7. *Materiale und sittliche Werte*

Die vorausgegangene Besprechung sollte dazu dienen, den Träger von Werten von der Dingwirklichkeit abzuheben. Sinnliche Werte realisieren sich am Ding. Ihr Träger ist der Leib durch das sinnliche Fühlen. Fraglich blieb jedoch schon hier die *Notwendigkeit* vorfindbarer Dinge für die Realisierung dieser Werte. Denn hört im Todesaktus das Leiben auf, so muss die Wertgegebenheit „Unangenehm" gewissermaßen ganz innerleiblich verlaufen, ohne eine Dingwirklichkeit vorauszusetzen, an der sich ein sinnlicher Unwert realisieren kann. Ein analoges Nach-innenwerten ist auch bei den Lebenswerten zu prüfen oder festzustellen. Denn der Wert der Gesundheit oder der Unwert der Krankheit liegt doch im Wesen des Lebens beschlossen, d.h. beide Werte realisieren sich nicht als Dingprädikate, die man wegstreichen kann, um ein Ding übrigzubehalten. Die Sprache drückt dies schon darin aus, dass man wohl von Leib- und Lebenskrankheiten sprechen kann, aber nicht von Ding- oder Personkrankheiten. Sinnliche und vitale Werte sind also eigentlich fundiert durch die Vitalträger (Leib, Leben), die sie ermöglichen. Bedingt fundiert sind sie in der Dingwirklichkeit, an der sie sich zwar realisieren, ohne sie aber zu brauchen. In diesem Sinne erblickten wir in der Werttäuschungsrichtung der natürlichen Weltanschauung ein uneigentliches Werten, indem die Werte vorzüglich vom Dinge her erscheinen sowie betrachtet und verrechnet werden können.

Sieht man die jeweiligen Schemen der Vorzugsrichtung innerhalb der vitalrelativen Wertreihen (in Richtung auf „Angenehm" und „Edel") und innerhalb der nächst höheren nicht-vitalrelativen

Wertreihen der Personwerte (in Richtung auf „Wahrheitserkenntnis", „Schönheit", „Recht" und das „Heilige") als eine ursprünglich geordnete vitalrelative und personalabsolute Bewegung *auf* das *je* Werthöhere an, so fasst Scheler das Totum dieser Bewegungsstruktur mit dem Begriff der Liebe im formalsten Sinn dieses Wortes. Die Liebe lässt sich mithin den Wertarten gemäss aufgliedern in sinnliche, vitale und personale Liebe. Ihre Totalität ist das ursprüngliche Ganze aller Vorzugsordnungen: der ordo amoris der Person. Husserl scheint Scheler seit etwa 1920, was diesen Punkt seiner ethischen Untersuchungen anbelangt, weitgehend gefolgt zu sein [1].

Um unsere Darstellung der materialen Werte zu vervollständigen, greifen wir jetzt noch zu den nicht-lebensrelativen Werten, d.h. den Werten, die vom Wesen des Lebens und der Sinnlichkeit ab-solut sind, den absoluten Werten. Auch hier fassen wir uns kurz, weil wir lediglich die materialen Werte im Lichte bestimmter Thematiken von SZ berücksichtigen wollen. Diese Thematiken (Alltäglichkeit, Vorhandenheit, Zuhandenheit, Tod) haben wir nicht künstlich SZ entnommen, um sie in die Wertethik einzubauen, noch haben wir umgekehrt diese Thematiken in die Wertethik einzubauen versucht. Die Bezüge der Werte zu diesen Thematiken ergeben sich aus der materialen Wertethik sowie aus den Schelerschen Schriften, die formal ausserhalb seiner Ethik liegen. Dass hier in den kurz entworfenen Zusammenhängen noch eine Menge phänomenologischer Fragen offen bleiben, braucht kaum gesagt zu werden.

Innerhalb der materialen Geisteswerte greifen wir zum Wert des Schönen. Es muss aber zuvor auf den Unterschied zwischen den materialen Werten und den sittliche Werten „gut" und „böse" hingewiesen werden, da diese Werte nicht zur materialen Wertrangordnung gehören.

Alle sittlichen Werte der Wertreihe „gut" und „böse" und alle dazu gehörenden positiven und negativen Zustandsgefühle (als da sind die geistige Freude und Trauer der vierten, und die Seligkeit und Verzweiflung der fünften Modalität) unterscheiden sich von allen materialen Werten der fünf Wertränge dadurch, dass sie ⟨auf dem Rücken⟩ des Realisierungsaktes des Vor- und Nach-

[1] Alois Roth, *Edmund Husserls ethische Untersuchungen*, a.a.O. S. 119; Alwin Diemer, *Edmund Husserl*, a.a.O. S. 49; 322.

setzens (nicht Wählens) liegen. Sie sind weder Ziel des Wollens noch des Strebens, sondern sie stellen ⟨sich⟩ an der Person und nur an der Person ein. Deshalb unterliegen sie keiner künstlichen Herstellung oder auch Willkür, wie etwa die teilbaren sinnlichen Werte und deren Zustandsgefühle. Die sittlichen Werte sind durch ihr ⟨sich Einstellen⟩ ihrem Sein nach ein Werde-Sein, d.h. sie ⟨werden⟩ durch die im ordo amoris bereits ausgelegten Wert arten (und deren Vorzugsordnungen) des Personseins. Denn „gut" ist z.B. weder zunächst und notwendig eine Person, die willentlich „Gutes tut" (obwohl ihre Handlungen gut sein mögen), noch ist „gut" eine Person, die durch das „gut tun" ihren Mitpersonen (bewusst oder unbewusst) den Anschein eines Gutseins gibt und sich ihr Gutsein im Spiegel dieses mitweltlichen Anscheins vortäuscht, indem sie die mitweltliche Billigung ihres Gutseins (als Anschein) sucht und diesen Anschein ihres Gutseins durch die faktische Billigung wegtäuscht, um „gut" zu sein. „Gut" ist zunächst auch nicht notwendig diejenige Person, die einem Sittengesetz, das etwas Gesolltes vorschreibt, willentlich Folge leistet. Denn alles Sollen gründet in Werten oder auch Unwerten, die als nicht gesollt auszuschliessen sind. Jedes „Du sollst nicht" und jedes wertethisch ideale „Es soll nicht sein" schliesst einen Unwert aus. Jedes „Du sollst" und „Es soll sein" setzen als Pflichtnormen die *Wert*person bereits voraus, die das „Du sollst" oder „Es soll sein" setzt. Nur ein Seiendes, das für das nicht-lebensrelative sittliche Werde-Sein offen ist, vermag, sittlich sein zu können. In keinem Betracht fällt das sittliche Werde-Sein der Person unter Werte, die, in Heideggers Sprache, vorhandenen Dingen, in Schelers Sprache, den Werten von Wertdingen und Dingwerten zukommen:

> „Ein einen Wert realisierenden *Akt* ist aber – welches Wesen immer ihn vollziehe – *niemals* ein *Wertding*. Insofern schliessen sich ⟨gut⟩ und ⟨böse⟩ und Wert*dinge* schlechthin aus." [2].

Hiermit ist ein Kernpunkt unserer Betrachtungen angedeutet, nach dem das Personsein ein von den Werten der Vorhandenheit fundamental verschiedenes, im verbal zu nehmenden Sinne des Wortes verschiedenes ⟨wertsein⟩ ist. Das Verhältnis zwischen materialen Werten, den Vorzugsakten, dem an der Person erscheinenden sittlichen Werdesein und den Persongefühlen liesse

[2] *Der Formalismus* S. 50.

sich wie folgt,, schematisch darstellen; dabei berücksichtigen wir nur zwei extreme Fälle, nämlich den ganzen Vorzug der Person auf den Wert „Heilig" und den entgegengesetzten Fall. Die vielfältigen Möglichkeiten von Vor- und Nachsetzungsakten, die es sowohl zwischen allen materialen Werträngen als auch innerhalb von nur je einem Wertrang gibt, sowie die Menge der Möglichkeiten des Erlebens von negativen und positiven Persongefühlen nebst deren Intensitäten kommt in diesem Schema *nicht* zum Ausdruck. Das Schema soll lediglich die sittlichen Werte von den sog. Werten, einschliesslich den vorhandenen Werten, unterscheiden.

WERTE	VORZUGSORDNUNG UND DIE ARTEN DES SICH AN DER PERSON EINSTELLENDEN SITTLICHEN SEINS BEI DER REALISIERUNG DER VORZUGSAKTE	ARTEN DER SICH AN DER PERSON EINSTELLENDEN PERSONGEFÜHLE
1 (Heiligkeitswerte)		
4 (Geisteswerte)		
3 (Lebenswerte)	gut	Seligkeit
2 (Nutzwerte)		
5 (Sinnliche Werte)		

1 (Heiligkeitswerte)		
4 (Geisteswerte)		
3 (Lebenswerte)	böse	Verzweiflung
2 (Nutzwerte)		
5 (Sinnliche Werte)		

§ 8. *Vom Wert des Schönen*

Um einen materialen Personwert zu umreissen, greifen wir zu einem praktischen Beispiel. Es soll dazu dienen, das Verhältnis dieser Werte zu den Dingen zu beleuchten. Es ist hierbei nicht ratsam, sich an den *Formalismus* Schelers direkt anzulehnen, da er die Abgelöstheit der Personwerte von Ding und Leben bereits durch die Kriterien materialer Werthöhen bestimmt [3], so dass die Frage des Dingbezuges kaum aufkommen kann.

Es empfiehlt sich als Beispiel eines Personwertes ein seiner Art nach einzigartiges Kunstwerk zu nehmen: die Chaconne Bachs. Wir fragen: Wie ist der Wert der Chaconne als Wert des Schönen zu denken? Zunächst schliessen wir auf Grund des bisher Gesagten aus, dass dieser Wert an der vorhandenen Geige oder den vorhandenen Notenblättern (einschliesslich des Originals) „haftet". Geigen und Notenblätter sind Dingwerte. Auch schliessen wir aus, dass dieser Wert der Chaconne etwas insofern mit Lebenswerten zu tun hätte, als er sich durch den Leib des Künstlers, der sie spielt, realisieren könnte. Deshalb fragen wir weiter: Liegt der Wert an den einzelnen gespielten Tönen der Geige? Dies muss verneint werden, denn einzelne Töne, die gehört werden, sind keine geistigen Werte, schon deshalb nicht, weil ihr Träger die Funktion des Hörens ist, die Leib und Umwelt voraussetzt [4]. Hierzu bedarf es einer Erläuterung.

Betrachtet man einen aus der Chaconne genommenen Geigenton unter dem Aspekt der Wahrnehmung und der phänomenologischen Schichtung im regionalen Apriori des Dinges, so kann die Frage eines Personwertes kaum oder nicht aufkommen, bzw. sie braucht es auch nicht, wenn man einen Ton als Ding auffasst. Dennoch dürfte schon bei einem einzeln gehörten Tone, wenn nicht ein geistiger Wert, ein sinnliches Wertmoment Berücksichtigung finden, weil schon ein einzelner Ton zu laut oder zu leise vernommen werden kann. Der zu laute Ton wird durch die Wertnehmung „unangenehm" wahrgenommen, vorausgesetzt, dass Schelers These, wonach jeder Wahrnehmung Wertnehmung voranschreitet, zutrifft, eine These, die bis heute keineswegs

[3] ebenda, S. 110ff. Im folgenden wird der Begriff Personwert sowohl für die geistigen als auch für die Heiligkeitswerte in Anspruch genommen.

[4] ebenda, S. 398.

widerlegt wurde. Selbst bei einem auf je verschiedenen Instrumenten gespielten Tone weist dieser Ton Ton*wert*unterschiede auf, die in *Wert*tonganzen verschiedener Instrumentenklassen, wie z.B. Streich- und Blasinstrumenten, gründen. Schon gänzlich wertunterschieden ist die Tonhöhe des Tones einer Konzerttrommel von der gleichen Tonhöhe eines Cellos. In der Instrumentation eines Musikwerkes spielt die höchstmögliche Approximierung der Verteilung der Klangfarben der Instrumente an das Ganze des Musikwerkes in seiner Form und seinem Rhythmus eine wichtige Rolle [5].

Selbst dann, wenn man den einzelnen Ton des tonalen Raumphantoms noch als Korrelat des Hörens übrig behält, was neuerdings U. Claesges treffend mit „akustischer Reduktion" bezeichnete [6], bleibt die Tonwertigkeit und die sie begründende Werttonalität unberücksichtigt. Es stellt sich hier die Frage, ob man die in der Klangfarbe steckende Tonwertigkeit des gehörten Tones vom Korrelat abtrennen kann und soll, oder ob das tonale Raumphantom ohne sie denkbar ist. Das gleiche gilt für das sich zeitlich erstreckende Empfindungsdatum des Tones, der dritten Schicht der Reduktion, dem die sinnliche Wertreihe von „Angenehm" bis „unangenehm" zugesprochen werden könnte. Man müsste hier klarstellen, in welcher Phase der Reduktion die Tonwertigkeit fortfällt, falls sie es tut. Die Selbstverständlichkeit, mit der Husserl die Explikation des Apriori der Raumzeitlichkeit an eine Wesensbestimmung des Dinges knüpft [7], erscheint uns von der Wertnehmung aus solange *nicht* als selbstverständlich, als das Wertelement beim Hören des Geigentones bei ihm von vorneherein unter den Tisch fällt. Da für Husserl das Ding ist, was es ist, aber abgesehen von seinem Wert, braucht er das Wertelement natürlich nicht zu berücksichtigen. Setzt er den Geigonten qua Ding, was er offensichtlich tut, so erscheint ein „kontinuierlich Veränderndes" in der Blickwendung auf das Empfindungsdatum Ton. Ob das Moment der sinnlichen Wertnehmung eine Rolle

[5] Wie sehr Beethoven mit der Klangfarbe und Instrumentation gerungen hat, ist bekannt. Er scheint sogar in Abwesenheit der Hörfunktion, als er praktisch taub war, die reinste Klangfarbe gar nicht in Instrumenten, sondern in der menschlichen Stimme, deren jede ihre eigene Klangfarbe hat, gesucht zu haben.

[6] Ulrich Claesges, *Edmund Husserls Theorie der Raumkonstitution*, Phaenomenologica, 19, S. 41.

[7] ebenda S. 38.

spielt oder ob es nicht so ist, bleibt hierbei eine völlig offene Frage.

Selbst wenn der sofortige Ausschluss des Wertelementes bei der Tonwahrnehmung in der Schichtung im regionalen Apriori als berechtigt erwiesen wäre, so würde dies wiederum in *keiner* Hinsicht etwas über den Wert der Stellenwerte von Tönen aussagen, z.B. der Stellenwerte, die alle Töne im Ganzen der Chaconne einnehmen, sofern die Chaconne ‹schön› ist. Ihre Schönheit ist offenbar ein invariabler Wert, der unabhängig davon ist, ob die einzelnen Töne auf vorhandenen Geigen oder Bratschen gespielt werden oder ob die einzelne Tonwahrnehmung von Wertnehmung begleitet ist oder nicht. Von hier aus kann man schliessen, dass die Schönheit der Chaconne eben nicht auf einem oder mehreren wahrgenommenen Ton*dingen* ruht und dass deshalb der Wert des Schönen nicht in Verbindung mit dem *Raum*phantom steht. Denn der Wert der Schönheit ist als Personwert ‹unteilbar› [8]; deshalb kann er nicht unter die *res extensa* fallen. Der Wert der Chaconne scheint uns also auf Grund des Wertes der Stellenwerte der Töne unabhängig zu sein von der Wahl der Instrumente, auf denen sie (bei je adäquatem, neu gesetztem Schlüssel) gespielt wird. Dass Bach die Chaconne für die Geige und nicht für die Orgel setzte, hat seinen Grund darin, dass die Werttonalität der Geige dem Wert der Stellenwerte der Töne der Chaconne am meisten entspricht und dass zwischen beiden ein minimaler Unterschied insofern besteht, als die Geige dem Wert der Stellenwerte der Töne der Chaconne am nächsten kommt.

Stimmt man dem zu, so gehört das Gehörte der Stellenwerte der Chaconne überhaupt nicht zur Wahrnehmung eines Dinges, sondern zu einem ‹verstehenden›, ja sogar ‹wertnehmenden› Hören, in dem die eben verklungenen Töne durch die unmittelbare Erinnerung [9] in die jetzt-ankommenden hinein reichen; dabei bilden innerhalb je verschiedener Spielräume von Tonmöglichkeiten, in denen die Stellenwerte liegen, die Stellenwerte der Chaconne als Ganzes die Höchstwertmöglichen. Will man also nicht etwa vom wertnehmenden Fühlen der Person, d.h. vom geistigen Fühlen, her, sondern von den Tönen selbst her an den Wert der Chaconne herankommen, so ist es das Totum aller Stellenwerte dieses Kunstwerkes, das uns an diesen Wert heran-

[8] *Der Formalismus* S. 113f.
[9] ebenda S. 449 Fussnote 1.

führt. Hierfür nehmen wir den folgenden Satz Schelers in Anspruch:

„Wie wäre es sonst auch möglich, die ½ Stunde währende Aufführung einer Komposition zu ⟨verstehen⟩, gäbe es nicht irgendeine Art unmittelbaren Bewusstseins von ihrem musikalischem Sinn als Ganzen?" [10].

Die Tatsache, dass der Wert des besagten Kunstwerkes etwas mit dem Ganzen der Stellenwerte der Töne zu tun hat, könnte zu der Annahme führen, dass der Wert der Schönheit dem zeitlich sich erstreckenden Empfindungsdatum, der *res temporalis*, zugeordnet werden müsse. Denn wie allen Personwerten eignet auch dem Wert des Schönen das Kriterium des „Durch-die-Zeit-hindurch-Existieren-⟨können⟩s" [11]. Dieses Kriterium geistiger Personwerte deutet nicht auf ein sukzessives Zeitphänomen, sondern auf ein die Zeitart der D a u e r *erfüllendes* Phänomen. Wie sollte auch der Wert der Chaconne die Werte der praktischen Vorträge, in denen sie gespielt wird, ⟨überdauern⟩? Der Vortragswert ist ein berechenbarer Wert. Deshalb ist er ein teilbarer Wert. Man kann ihn an der Kasse bezahlen, und zwar mit dem Symbolwert Geld. Nicht aber „bezahlt" man die Chaconne. Dies nicht deswegen, weil sie einen sog. ewigen Wert hätte, sondern weil ihr Wert wesensmässig *un*teilbar ist. In einem gewissen Sinne lässt deshalb jeder Vortrag „etwas zu wünschen übrig", um das die wenigen Künstler, die die Chaconne haben spielen können und denen es ja gerade um die Verminderung jenes ⟨Übrigbleibens⟩ geht, am besten wissen. Die Vortragswerte, die an bestimmten Tagen der Objektzeit bezahlt werden, sind also keineswegs mit dem idealen, d.h. wertethisch unteilbaren und an die Objektzeit nicht gebundenen Wert der Chaconne zu verwechseln. Deshalb hört der ideale Wert auch nicht auf, ein geistiger Wert zu sein, wenn der Vortrag zu Ende ist. Der geistige Wert ist ein von Dingwerten völlig verschiedenes Phänomen, eben weil der Dingwert teilbar ist und keine Dauer hat. Der Dingwert eines Brotes lässt sich in zwei Hälften teilen, so dass jede Hälfte eine Hälfte des Brotdingwertes ist. Demgegenüber lässt sich ein Personwert nicht teilen, noch hört er auf, ein Personwert zu sein, wenn er, analog dem Brote, „aufgezehrt" werden könnte [12].

[10] ebenda.
[11] ebenda S. 111.
[12] ebenda S. 113f.

Das Husserlsche Beispiel des Geigentones führte uns auf ein ⟨verstehendes⟩ Hören der Schönheit als Wert eines musikalischen Kunstwerkes. Auch Heidegger spricht in SZ von einem verstehenden Hören, da das Dasein hört, weil es versteht. Das verstehende Hören gehört zur Rede, weil zum Reden die Möglichkeit des Hörens gehört [13]. Zunächst hört man, wie Heidegger sagt, den „knarrenden Wagen" oder ein „Motorrad", den „klopfenden Specht" oder das „knisternde Feuer". Dies soll heissen, dass das Dasein sich je schon bei innerweltlich Zuhandendem aufhält.

Sowohl beim Geigenton Husserls als auch beim „knarrenden Wagen" Heideggers wird aber der hörenden Wertnehmung und dem Wert des je Gehörten nicht Rechnung getragen, z.B. dem „Unangenehm" des Knarrens, oder dem „Angenehm" des Geigentones, sofern er rein gespielt ist. Sollte dies bedeuten, dass man vom Wertelement in beiden Fällen absehen kann, weil die betreffenden Werte qua Prädikate auf den Dingen ruhen, so muss dies wert-ethisch genauer gefasst werden. Denn wir hören in praxi manches, dessen Dingträger uns eben nicht bekannt sind. Gehe ich nachts alleine durch einen Wald und verirre mich, so höre ich gleichwohl vieles, von dem ich nicht weiss, was es ist. Bereits der Schluss auf das, was das Gehörte sein könnte, ist durch die positive oder negative Art der Wort*nehmung* des Gehörten gegangen. Ist die Stille des Waldes plötzlich durch ein in meiner Nähe auftretendes Knistern unterbrochen, so mag sich die Aufmerksamkeit sogleich auf einen Dieb, ein Tier oder ein Feuer richten, wobei keines de facto zutreffen mag. Desgleichen hat sich durch die Art des Gehörten *längst* schon eine emotive Antwortreaktion eingestellt, *bevor* noch das etwaige Ding (z.B. des Knisterns) erkannt ist. Eine solch vorgängige Antwortreaktion, wie z.B. die Angst oder die Furcht, die sich im Dunkel des Waldes einstellen kann, verändert sich erst in eine andere, nachdem sich das Ding, das da knistert, herausstellt, z.B. wenn das Geräusch von einem leisen Wind herrührt. Ja selbst durch psychische Selbsttäuschung kann ich den „leisen Wind" in die Wertnehmung hineinsetzen, um mir die Furcht und Angst hin-

[13] SZ § 34. Auf Seite 163 heisst es: „Auch das Horchen hat die Seinsart des verstehenden Hörens". Scheler vermerkt hier: „So ich s Ethik". Vgl. dazu *Der Formalismus* S. 170 Fussnote 1: „Wir sagen nur, es fundiere jeden ⟨Hörakt⟩ ein Akt des ⟨Horchens⟩ . . .".

weg zu täuschen, die beide Antwortreaktionen und Zustandsgefühle der lebensrelativen Werte sind und daher der künstlichen Aufhebung unterliegen und leitbar sind. Alles das sind bekannte Tatsachen. Wir aber wollen damit sagen, dass das „Unheimliche" des in diesem Beispiel Gehörten, dessen Träger uns nicht bekannt sind, die Art des innerweltlich Zuhandenen und des Mitseins (z.B. Feuer, Dieb) bereits *zuschneidet.* In keiner Weise sollte mit der vorgängigen Wertnehmung, falls sie besteht, gesagt sein, dass sie erst das Zuhandene entdeckte, denn das Dasein ist ja, als verstehendes, immer *beim* je schon Verstandenen, hier dem wertnehmend vorgängig verstehend Gehörten, das zwar nicht bekannt ist, aber gerade deshalb, auch in seinem Wert, zur *Welt* gehört. Denn es kann, auch wenn man die Wertnehmung aller Wahrnehmung als vorausgehend betrachtet, nicht von der Hand gewiesen werden, dass etwas gehört wird. Das Werterlebnis ist von etwas. ⟨Verstehend gehört⟩ wird auch das Gehörte, wovon ich *nicht* weiss, was es ist, da schon das Wertelement als Sinngebung (z.B. „Unheimlich") klar gegeben ist.

Allein dieses ⟨Etwas⟩ bildet die grundsätzliche Schwierigkeit, hinsichtlich des verstehenden Hörens des besagten Kunstwerkes. Sollte zunächst die Geige, analog dem „knarrenden Wagen", gehört werden, so liesse dies kaum zu, dass der Wert der Schönheit heit der Chaconne mitgehört und ⟨verstanden⟩ wird. Denn die Geige wird auch verstehend gehört, wenn sie gekratzt wird. Es muß deshalb die ⟨Schönheit⟩ sein, die ⟨verstehend gehört⟩ wird, da sie vom Zeug und dessen Verweisungen in diesem Kunstwerk unterschieden ist. Das Kriterium der Unteilbarkeit und Dauer ihres Wertes ist indifferent selbst dem Verweisungszusammenhang gegenüber, bei dem der Künstler sich aufhält, wenn er die Chaconne spielt. Es ist nicht einzusehen, weshalb der Verweisungszusammenhang des Bogens auf die Geige, beider auf den Ständer und die Notenblätter, dieser auf die Bühne, der Bühne auf den Saal, und jener wiederum auf das hergestellte Konzerthaus bzw. des Hergestellten aller dieser und der Umgang mit allen diesen den Wert des Schönen tangieren sollte, wenn keines von diesen Momenten als Träger eines unteilbaren und dauernden Wertes anzusehen ist. Ja, es ist sogar die personale Los-gelöstheit des Künstlers vom Verweisungszusammenhang und seine Verlorenheit in die Chaconne, durch die ihr Schönsein aufleuchtet.

Darum schliessen wir die kurze Besprechung der Personwerte mit der Frage: Was heisst ontologisch ⟨das Schöne⟩, wenn es zutrifft, dass das wertnehmend hörende Verstehen der Chaconne Bachs vom „verstehenden Hören" eines „knarrenden Wagens" zu unterscheiden ist?

2. ABSCHNITT

ONTOLOGISCHE GRENZEN MATERIALER WERTE

§ 9. *Zeug und Personwert*

Wir haben die Besprechung der materialen Lebens- und Personwerte vorausgeschickt, um deren Verhältnis zu Dingen zu beleuchten. Hierbei zeigte sich, dass sowohl die vitale als auch die absolute Vorzugsevidenz der Werte untereinander, sowie der Wertränge untereinander eine prä-logische Evidenz darstellt, die davon unabhängig ist, wie die Dinge im Wechsel der Erfahrungen und Begebenheiten in den Vorzugsevidenzen wahrgenommen oder erkannt werden. Hierbei wurde bei den lebensrelativen Werten berücksichtigt, dass die Vorzugsevidenz auf den sinnlichen Wert „Angenehm" hin wohl generell in Lebewesen konstant ist, also unabhängig von den Arten der Umweltdinge, dass jedoch, was die Arten von Lebewesen anbelangt, jede Umwelt arttypische angenehme und unangenehme Umweltdinge besitzt. Demgegenüber ist bezüglich der Personwerte zu sagen, dass ein solcher Unterschied nicht gemacht werden kann, weil diese Werte ihrer *Art* nach über dem Bereich der Sinnlichkeit und des Lebens liegen. Die Art nicht-lebensrelativer Werte, d.h. absoluter Werte, ist ein Wertsein, dessen Träger personales Sein ist. Schon dort, wo eine Person be-wertet wird, wird ein personaler Wert bereits vorausgesetzt, mit dem sie bewertet wird. Hierdurch ist es wesensmässig unmöglich, wie auch Scheler sagt, dass eine Person „angenehm" oder „nützlich" ist, obwohl der Sprachgebrauch Wortverbindungen wie „angenehme Person" und „nützliche Person", analog der Wortzusammensetzung von „Edelstein", auf die wir früher stiessen, zulässt [1]. Die Vitalwerte sind eine in das Leben eingeschlossene Wertart, mit denen die Einheitsform der Person

[1] *Der Formalismus* S. 105ff.

nicht gegeben ist. So ist es denn auch die Einheitsform der Person, die im Unterschied von Leib und Ich, eine allem Leben überhobene „Spalte" darstellt, durch die eben ganz andere Wertarten in Erscheinung treten. Bei der Frage, ob und wie die Dingwirklichkeit eine Voraussetzung der Werte ist, ist in jedem Falle die Art der Träger von Werten (Leib, Leben, Person) zu berücksichtigen. Denn was im weitesten Sinne die Dingwirklichkeit genannt werden kann, ist jeweils dem Träger der materialen Werte gegenüber relativ. Ist z.B. ein Ton ein Ding, so ist es ausgegeschlossen, dass die Stellenwerte von „Tondingen" etwa dem Leib oder Leben gegeben sind. Gegeben sind die Stellenwerte von Tönen erst der Person als Träger der Geisteswerte, zu denen die Schönheit gehört.

Mit all dem ist jedoch keineswegs der Heideggersche Standpunkt entkräftet worden, nach dem die Werte eine aus dem Vorhandensein abgezogene Ideen sein sollen [2]. Ja, es melden sich überhaupt von der Ontologie des Daseins her jetzt ernstliche Bedenken hinsichtlich der materialen Werte des Lebens und der Person an. Es setzt z.B. der materiale Wert der Schönheit, gleichgültig ob er ein idealer oder unteilbarer Wert ist, hergestelltes Zeug voraus. Es gibt keine hörbare Chaconne ohne das hergestellte Instrument, mit dem sie gewissermaßen „besorgt" wird. Selbst das nur gesungene Chorwerk setzt Schreib- und Partiturzeug voraus [3]. Ebenso setzen die Personwerte des Rechtseins Vorhandenes und Zeug voraus, z.B. Besitzverhältnisse. Das gleiche trifft für die Werte der Wahrheitserkenntnis zu, sofern Wahrheit als *adaequatio* genommen wird, d.h. als Subjekt-Objektbezug. Selbst der höchste materiale Wert „heilig" steht mit dem Verweisungszusammenhang eines hergestellten Tempels oder des Altarzeugs, mit dem der *homo religiosus* umgeht, in Verbindung. Wollte man mit all dem jedoch behaupten, dass die Vorhandenheit und das Zeug conditiones sine quibus non für das Wertsein überhaupt darstelstellen, so fiele schon jetzt eine Entscheidung über das Wesen der Person: Sie wäre ein nachgängiger Charakter des Seins des

[2] Siehe Anhang.
[3] Das Dasein versteht, hört und redet. Indes bleibt in SZ die Frage offen, wieso das Dasein vor-sich-hersingt. Ob dieses in der Sprache oder dem Verstehen gründet, bleibt dabei offen, desgleichen sein möglicher Bezug zur Befindlichkeit. Ist das Vor-sich-hersingen genetisch früher als das Besorgen von Klängen mittels Stöcken oder Trommeln (Primitive), oder ist die Art des Klangherstellens bereits durch die Seinsart des Vor-sich-hersingens geleitet?

Daseins, an dem sich Werte realisieren, die aber je Vorhandenheit und Zeug immer schon voraussetzten. Damit wäre aber auch zugleich gesagt, dass das personale Wertsein die gleiche Art von Wertsein wie die materialen Werte darstellte. Auf dem Boden der materialen Wertethik verhält es sich, wie wir bereits sahen, offenbar nicht so.

Weder Husserl in seinen ethischen Untersuchungen noch Heidegger, sofern er überhaupt in seinen späteren Schriften auch von Werten und Wertsein spricht, nehmen kaum oder gar keine Notiz vom Wesensunterschied zwischen einem lebensrelativen Wert und einem Personwert einerseits und dem Wert der Wertperson andererseits. Heidegger fragt z.B. in SZ: „Was besagt ontologisch Wert" [4]? Scheler notiert hier einfach „Formalismus". Heidegger sieht von der Beantwortung der Frage ab und wendet sich der ontologischen Herausstellung des pragmatischen Charakters des besorgenden Umgangs zu. Der pragmatische Charakter der Dinge ist das Zeug als die Seinsart des „etwas, um zu ...". Das „etwas, um zu ..." ist Verweisung innerhalb des Zeugganzen, worin Zeug in den Weisen der „Dienlichkeit", „Beiträglichkeit", „Verwendbarkeit" und „Handlichkeit" sein kann:

„Das alltägliche Dasein ist schon immer in dieser Weise, z.B. die Tür öffnend, mache ich Gebrauch von der Klinke"[5].

Bezieht sich die Frage: „Was besagt ontologisch Wert"? auf die sog. Werte, d.h. in unserem Zusammenhang die materialen Werte, so ist mit der Nichtbeantwortung dieser Frage in SZ ihre Antwort bereits angedeutet. Denn das Dasein ist zunächst beim Zeug, nicht also bei Werten. Das heisst dann zugleich, dass das Zeug und der Umgang mit ihm überhaupt eine untere Grenze der Werte ist. Allerdings ist dies nicht nur zutreffend für die Ontologie des Daseins, sondern auch für die materiale Wertethik. Obwohl die ontologische Bedeutung des Zeugs bei Max Scheler nicht so betont wird wie in SZ, so muss doch gesagt werden, dass das, was er die „Milieudinge" nennt, *zum mindesten* formal dem Heideggerschen „Zeug" entspricht. Denn die Milieudinge stellen ein Zwischenreich zwischen Perzeptionsinhalt und Gegenstand dar.

[4] SZ S. 68.
[5] ebenda S. 67. Scheler vermerkt hier: „S. Formalismus". Das Folgende wird diese Bemerkung zu klären versuchen.

Zu den Milieudingen gehören nicht nur die Reihen der Gegenstände etwa in meinem Zimmer, sondern alles, mit dessen Dasein, Nichtsein, Sosein und Anderssein ich „praktisch ⟨rechne":

„. . . so vermag der Seemann aus den Veränderungen seines Milieus mit einem kommenden Sturm zu ‚rechnen', ohne angeben zu können, es diene ihm diese *bestimmte* Veränderung (z.B. der Wolkenbildung, der Temperatur usw) als Zeichen dafür" [6].

Man vergleiche diese Stelle etwa mit der folgenden von SZ, wo Heidegger über das Zeichen spricht, das erst in der Zuhandenheit zugänglich ist:

„Als dieses nur noch Vorkommende, als welches es meteorologisch zugänglich sein mag, ist der Südwind *nie zunächst* vorhanden, um dann gelegentlich die Funktion eines Vorzeichens zu übernhemen. Vielmehr entdeckt die Umsicht der Landbestellung in der Weise des Rechnungstragens gerade erst den Südwind in seinem Sein" [7].

§ *10. Praktisches Rechnungtragen und Wertnehmung*

Wie oben angedeutet, besitzen wir nach Scheler bei allen Gegenstandserfahrungen die Fähigkeit des *„praktischen Rechnungtragens"*, das unabhängig von der Perzeption ist. Der Mensch ist als „Praktiker" „umringt" von dinghaften Einheiten, die „schon" (v. Verf. gesp.) gesondert und gegliedert sind für das mögliche Handeln. Er lernt mit diesen Einheiten der dinghaften Umringung „⟨umgehen⟩", ohne theoretische Erkenntnis von Gesetzen zu haben, die die Dinge beherrschen. Der praktische Umgang hat also mit Übung und Gewöhnung nichts zu tun, denn das Wesentliche und Unwesentliche hebt sich „gleichsam automatisch" in der natürlichen Weltanschauung des Menschen (d.h. des Milieus) ab, so dass das Milieu bereits wie eine „feste Wand" den interessenehmenden Akten, der Perzeption und der Aufmerksamkeit, vorliegt [8]. „Zunächst" ist also in der natürlichen Weltanschauung ebensowenig wie in der Alltäglichkeit Heideggers eine pure Wertqualität nicht gegeben [9]. Scheler war seit der Zeit des *Formalismus* (1913) zunehmend an der Struktur der natürlichen Weltanschauung interessiert [10]. Es ist nicht von ungefähr,

[6] *Der Formalismus* S. 159f. Auch für das jetzt folgende vergl. dieselbe Stelle.
[7] SZ S. 80f. Scheler vermerkt: „Sehr gut S. Formalismus".
[8] *Der Formalismus* S. 158ff.
[9] ebenda S. 42f.
[10] Vgl. dazu auch „Phänomenologie und Erkenntnistheorie" (1913/14) S. 384f.; 402ff. in: *Schriften aus dem Nachlass*, I.

dass er sich mit dem amerikanischen Pragmatismus im einzelnen auseinandersetzt und schreibt:

„Der Pragmatismus sieht zunächst richtig, dass das *primäre Verhältnis des Menschen* – ja aller Organismen – *zur Welt* keineswegs ein theoretisches ist, sondern ein *praktisches*; dass daher alle *‚natürliche' Weltansicht* von praktischen Motiven gelenkt und getragen ist" [11].

Diesen Standpunkt des originären Rechnungtragens der natürlichen Weltanschauung hat Scheler nie aufgegeben. Ja, es ist als gesichert anzusehen, dass er beim Lesen von SZ, was diesen Aspekt anbelangt, in der ontologischen Problematik von Alltäglichkeit, Zuhandenheit, Vorhandenheit und des Zeugzusammenhangs seine eigene Position nur bekräftigt sah. Desgalb ist in den betreffenden Kapiteln von SZ auch wohl kaum von Scheler etwas vermerkt. Denn kurz nachdem er SZ las, schrieb er in „Idealismus – Realismus":

„Oder: auf einer bestimmten Stufe, die man ‚natürliche Weltansicht' nennt, ist uns das Gegenüber ausschliesslich als eine Welt von Brauchbarkeiten oder, wie es neuerdings Heidegger treffend genannt hat, als ‚zuhandenes Zeug' gegeben, das aufeinander hinweist und seinen ‚Platz' hat" [12].

Darüberhinaus verweist Scheler hier auf seine „gleichsinnigen Nachweise" in der oben genannten Abhandlung „Erkenntnis und Arbeit".

Stimmt man allemdiesem zu, so könnte man sogleich eine augenscheinliche Unstimmigkeit im Schelerschen Denken gewahren, die sich jedoch bei näherem Prüfen der Texte aufklärt.

[11] *Die Wissensformen und die Gesellschaft*, S. 239.

[12] „Idealismus – Realismus", a.a.O., S. 272. Es ist sehr wichtig, darauf hinzuweisen, dass Max Scheler hier auf Heidegger innerhalb seines Problems der „Daseinsrelativität" zu sprechen kommt. Bei Scheler gehören die sog. Relativitätsstufen des Daseins der Gegenstände (siehe hierzu auch *Schriften aus dem Nachlass*, I, S. 399) zu den sog. „Erkenntnismasstäben" von denen er allgemein sechs aufführt. Die Erkenntnismasstäbe von 1.) Selbstgegebenheit, 2.) Adaequation, 3.) Relativitätsstufen des Daseins der Gegenstände, 4.) schlichte Wahrheit und Wahrsein, 5.) materiale Wahrheit und Falschheit und 6.) Richtigkeit und Unrichtigkeit sind innerhalb jeder Seinssphäre (auch Weltsphäre und Bewusstseinssphäre genannt) wiederum gültig. Da Scheler die Zuhandenheit innerhalb der Relativitätsstufen des Daseins der Gegenstände sieht, erklärt sich auch, dass die Zuhandenheit bei ihm nicht nur ein ontologisches Problem zu sein braucht, sondern dass sie insofern vital-relativ gesehen werden kann, als das Zuhandene sich als Trieberweiterung sehen lässt und so auch für die Tiere (z.B. Nestbau von Vögeln) Gültigkeit haben kann.

Man könnte der Auffassung sein, dass, wenn in der natürlichen Weltansicht zunächst das Wertelement nicht gegeben ist, die ganze These des Primates der Wertnehmung ohne Boden sei. Was die Einheiten von Brauchbarkeiten in der natürlichen Weltanschauung anbelangt, so ist dem zu entgegnen, dass das Wertelement sich eben nicht direkt auf ein Ding bzw. auf das Milieuding, d.h. dem Heideggerschen Zeug, sondern primär auf den oben bereits erwähnten *Zuschnitt* in die Milieuwelt bezieht, so zwar, dass dasjenige, um das die Aufmerksamkeit „*kreist*", einer Werteinheit unterliegt:

„Die Aufmerksamkeitserlebnisse spielen sich *innerhalb* von ⟨Interesseneinheiten⟩ und ihren entsprechenden Werteinheiten ab; *sie* vermögen das Gefüge dieser Einheiten und ihrer Gliederung nicht zu zerbrechen oder zu verändern. Die *Interessensrichtungen* sind die bestimmenden Faktoren, in deren Umkreis alle mögliche Aufmerksamkeit oszilliert. Sie ist gefangen und befangen in deren Gefängnissen" [13].

Hiermit können wir eine ontologische Deutung des interessenehmenden Aktes versuchen, sofern dieser Akt in Hinsicht auf die alltägliche Umwelt und das praktische Umgehen verstanden wird. Die durch die Wertnehmung gelenkten Zuschnitte in den bereits entdeckten Zeugzusammenhang, in dem sich die Weltmässigkeit der Umwelt meldet, sind im „modifizierten Begegnen des Zuhandenen" zu sehen. Solche Modi sind das „Entdecken der Unverwendbarkeit" (das Auffallen), ferner das „Bemerken des Unzuhandenen" (die Aufdringlichkeit) und schließlich das zu besorgende im Wege liegende „Unerledigte" (die Aufsässigkeit) [14]. Wertethisch ist der Umkreis des zuhandenen Zeugs in den drei Weisen seines Begegnens, d.h. der Unverwendbarkeit, des Unzuhandenen und des Unerledigten je durch den Ausschluss eines Unwertes zugeschnitten, nämlich des Unwertes des „Unnützlichen" als tiefstem Wert der Nutzwerte (2. Modalität). Ob das der Wertethik zugrunde liegende Ausschliessen von Unwerten (in dem alles Sollen gründet) an die Vorhandenheit geknüpft ist, ist sehr fraglich, nicht weil der wertnehmende Akt primär sein soll, sondern weil das Ausschliessen, wie sich uns später zeigen wird, zur Seinssphäre der Person gehört, da es auch für die sittlichen Werte zutrifft. *Im* Ausschliessen von Unwerten

[13] *Der Formalismus* S. 166.
[14] SZ § 16.

leuchten Werte der Person auf. Das Ausschliessen ist selbst ein Charakter des *ordo amoris* der Person und eine ihrer Seinsweisen. Der interessenehmende Akt muss deshalb, wenn man sein ontologisches Fundament freilegen will, auch und vor allem in Hinsicht auf den Umgang mit Anderen, d.h. der Mitwelt betrachtet werden. Heidegger sagt:

> „*Scheler* hat vor allem unter Aufnahme von Anstössen *Augustins* und *Pascals* die Problematik auf die Fundierungszusammenhänge zwischen den ⟨vorstellenden⟩ und ⟨interessenehmenden⟩ Akten gelenkt. Freilich bleiben auch hier noch die existential-ontologischen Fundamente des Aktphänomens überhaupt im Dunkel" [15].

Scheler notiert an dieser Stelle: Reue, Ressentiment, Verwundern, Neugier, Liebe. Diese Anmerkung ist auf den ersten Blick sehr schwer zu verstehen. Um bei unserer Absicht, d.h. nur im Rahmen dessen zu bleiben, was für die bereits veröffentlichten Schriften Max Schelers relevant ist, fassen wir aus dieser Notiz die ersten beiden Elemente in den Blick: die Reue und das Ressentiment. Es ist aber zuerst erforderlich, eine Analyse dessen bereitszustellen, was ontologisch Reue und Ressentiment gemeinsam haben: das Mitsein mit Anderen und das dazugehörende *Werten* von Anderen und von sich selbst, des *mitweltliche* Werten.

[15] ebenda S. 139.

III. TEIL

DAS SEINSVERHÄLTNIS VON DASEIN ZU DASEIN

I. ABSCHNITT

ZUR ONTOLOGIE DES WERTENS

§ *11. Mitsein und Abständigkeit*

Es wäre nun völlig verfehlt, wenn man den Versuch unternehmen wollte, dem Dasein Personwerte unterzuschieben oder sie ihm aufzupfropfen. Das Dasein ist in SZ durch die Sorge enthüllt. Das Besorgen ist Zutunhaben mit etwas in den Weisen des Herstellens, Pflegens oder Verwendens. Das Besorgen liegt in der Horizontalität des zuhandenen Zeugs, mit dem das Dasein umgeht. Die Zeughaftigkeit des alltäglichen Umgangs ist sicher kein Boden, um das nicht-lebensrelative Wertsein ontologisch begründen zu können. Dasselbe trifft für das zu, was Scheler die Milieudinge der natürlichen Weltanschauung nennt; deshalb trennte er auch die Problematik der Milieudinge sorgfältig von der Wertfrage ab. Auf dem Boden von SZ lässt sich die sittliche Seinsweise und das personale Wertsein, wenn überhaupt, nur freilegen im Umgang mit Anderen, d.h. in der Sprache von SZ in der Sorge des Mitseins, der Fürsorge.

Das Verständnis der Frage von SZ wäre bereits verfehlt, wenn man anthropologische oder ethische Begriffe der ontologischen Fragestellung von SZ einzufügen versuchte. Die Ontologie des Daseins bleibt ja in SZ der Ethik und Anthropologie vorgelagert. Bei dem Versuch, die sittliche Seinsweise des Menschen auf ontologischen Boden zu stellen, kann man SZ nur dann gerecht werden, wenn man imstande ist, die Frage nach der sittlichen Seinsweise der Person allererst aus der Frage von SZ heraus zu stellen. Dies ist kein leichtes Unterfangen, weil man nicht mit ethischen Begriffen operieren kann und soll, solange sie sich nicht im Mitsein begründen lassen; das heisst aber auch, solange sie nicht zunächst an individuelles Handeln geknüpft werden. Die sittliche

Seinsweise des Menschen ist eine Weise, Mensch zu sein, keineswegs ist sie das Sein des Daseins. Wir befinden uns in diesem Punkte in völliger Übereinstimmung mit uns verwandten Sätzen Otto Pöggelers über Versuche, die von Bollnow und Binswanger, – und wir fügen ihnen den Versuch von G. Misch hinzu – gemacht wurden [1].

Die Thematik des Mitseins nimmt in SZ einen merkbar kurzen Raum ein [2]. Das Wesentliche dazu wird in den Kapiteln vier und fünf gesagt. Sie haben die Titel: „*Das In-der-Welt-sein als Mit- und Selbstsein. Das* ⟨*Man*⟩" und „*Das In-Sein als solches*". Scheler hat wahrscheinlich kaum die Bedeutung dieser Kapitel von SZ für die Ethik gesehen, denn es findet sich hier nur eine Randnotiz, die eine Bedeutung für die Ethik hat. Heidegger sagt hier, dass das Mitsein auch dann existential bestimmt ist, wenn der Andere nicht vorhanden ist [3]. Dass Scheler dem zustimmt, ist nicht verwunderlich, denn er bestimmte die Duheit als die fundamentalste Existenzkategorie des Menschen [4]. Er hatte schon in seinem Sympathiebuche hierüber einiges gesagt. Es gibt für ihn kein Ich ohne das genetisch frühere, inhaltlich erfüllte Wir der Mitwelt. Als Eigensphäre ist die Wir-Sphäre allen Gegebenheiten der Aussen- und Innenwelt und der organischen sowie anorganischen Natur vorgegeben. Sie bleibt sogar als solche bestehen, wenn alles Sosein, das zur aussermenschlichen Natur gehört, als vernichtet gedacht wird. Dass Scheler hier ontologisch spricht, kann nicht von der Hand gewiesen werden, ist doch die Person, der der Wir-Bezug zukommt, keineswegs als blosses Subjekt oder Individuum gedacht. Dies gehört auch zum eigentlichen Sinn des Ausdruckes „Personsphäre", der bei Scheler überall zu finden ist. Sie ist der „Ort" nicht-lebensrelativen Wertseins [5]. Eben weil die Personwerte weder auf der Vitalseite liegen, noch im Zeug ihren eigentlichen Sitz haben, sind diese Werte, deren Träger die Person ist, allen Rängen lebensrelativer Werte überlegen. Dabei

[1] Otto Pöggeler, *Der Denkweg Martin Heideggers*, Pfullingen 1963, Anmerkung III, II. Georg Misch, „Lebensphilosophie und Phänomenologie", a.a.O.

[2] Für eine Begründung dazu vgl. O. Pöggeler, a.a.O. S. 210f.

[3] SZ S. 120. Scheler verweist hier auf das im *Formalismus* Gesagte, das sich im Sachregister unter „Fremd" findet. Klarer äußert sich Scheler über diesen Punkt in *Die Wissensformen und die Gesellschaft* S. 374 und 52–57 und in *Wesen und Formen der Sympathie*, Bonn 1923 S. 244ff.

[4] *Die Wissensformen und die Gesellschaft*, S. 57.

[5] *Der Formalismus*, S. 285.

ist die Selbstwertigkeit der Person überhaupt von spezieller Bedeutung für die ontologische Grundlage des Wertens. Diesen Punkt wird die Untersuchung später aufnehmen.

Es ist nicht verwunderlich, dass in SZ Wertfrage und ethische Fragen innerhalb der Thematik des Mitseins nicht aufkommen. Das Mitsein ist aus der Welt her gedacht, in der sich das besorgend umsichtige Dasein aufhält. Das Dasein findet sich bei dem, was es im umweltlich Zuhandenen betreibt. Auch die Anderen werden bei der Arbeit angetroffen. So verweist, wie Heidegger sagt, das verankerte Boot auf den Anderen, der damit eine Fahrt unternimmt. Das Mitdasein begegnet im Zeugzusammenhang, gleichgültig ob es vorhanden ist oder nicht. Insofern begegnet der Andere beim besorgten Zeug. Allerdings ist damit das Mitsein nur partiell bestimmt. Darum wird das Mitsein auch ohne den Bezug zum Zeug gesehen. Dieses Mitsein bestimmt Heidegger als das „Seinsverhältnis von Dasein zu Dasein" [6]; das bedeutet, dass das Dasein durch sein Mitsein auch rein *zu*einander ist. Denn das Seiende, zu dem sich Dasein als Mitsein verhält, hat nicht die Seinsart von zuhandenem Zeug. Hierdurch enthüllt sich die Sorge des Daseins für das Dasein als die Fürsorge. Die Weisen der Fürsorge sind das Für-sein, das Wider-sein, das Ohneeinander-sein, das Aneinandervorbeigehen und das Einander-nichts-angehen. Die Selbstverständlichkeit der beiden letzten Weisen verleitet dazu, das Mitsein durch individuelle Subjekte auszulegen. Die Fürsorge hat wiederum zwei Formen. Erstens kann sie für den Anderen einspringen, wobei der Andere, der beim Zeugzusammenhang ist, aus seiner Stelle geworfen wird. Zweitens kann die Fürsorge dem Anderen vorausspringen, wobei dem Anderen verholfen wird, für sie frei zu werden [7]. Die Anderen sind im Mitsein existential erschlossen. Das Mitsein gehört somit zur Weltlichkeit der Welt als dem Verweisungszusammenhang von Bedeutsamkeiten. Dann aber heisst es in SZ:

> „Daher lässt die so konstituierte Weltlichkeit der Welt, in der das Dasein wesenhaft je schon ist, das umweltlich Zuhandene so begegnen, dass in eins mit ihm als umsichtig Besorgtem begegnet das Mitdasein Anderer" [8].

Der Andere begegnet aus dem Zeug und mit Zeug; dabei be-

[6] SZ S. 124.
[7] ebenda S. 122.
[8] ebenda S. 123.

steht aber andererseits das Mitdasein im *Seins*verhältnis von Dasein zu Dasein. Dies heisst wiederum, dass es durch die Erschlossenheit im Verständnis (nicht im Erkennen oder in der Kenntnis) Anderer steht. Das Sichkennen gründet in einem verstehenden Mitsein; dabei ist zu bedenken, dass das Dasein mit Anderen zunächst im verstehenden Kennen dessen steht, was das Dasein mit Anderen umweltlich vorfindet und besorgt. Das fürsorgende Besorgen ist wesentlich aus dem Zeugzusammenhang begriffen; deshalb wird ja auch der Ausdruck „fürsorgendes Besorgen" verwendet.

Wir können uns trotz der ontologischen Schärfe, mit der Heidegger das Mitsein bestimmt, nicht damit befreunden, ontologisch das Mitsein des Mitdaseins „in eins" mit dem umweltlich Zuhandenen, bei dem sich das Dasein aufhält, vorzüglich begegnen zu lassen, d.h. das Mitsein so zu verstehen, wie es sich aus der Betonung des Zeugzusammenhangs und der Werktätigkeit des Daseins ergibt. Begegnet denn das Mitdasein zunächst und zumeist mit dem Zeug? Dass es zumeist so begegnet, soll nicht in Frage gestellt werden, wohl aber werden wir bezüglich des „zunächst" eine Einschränkung vornehmen müssen, auf die wir hier schon hinweisen. Die Erschlossenheit des Mitdaseins im Mitsein und die Erschlossenheit des Mitdaseins durch das besorgte Zeug gehören beide zur Weltlichkeit der Welt. Das „in eins" bezieht sich demnach ursprünglich auf die Welt. Ist aber das Zeug eine vorzügliche Verweisungsquelle dafür, dass das Mitdasein durch die mitweltliche Leerstelle erschlossen ist, die z.B. ein verankertes Boot freigibt? Tatsache ist, dass das Mitdasein des Anderen schon erschlossen ist, wenn der Andere, der mit Zeug umgeht, *nicht* vorhanden ist.[9] Streng genommen behauptet Heidegger dies auch nicht, wenn er den Anderen zunächst und zumeist aus der besorgten Mitwelt begegnen lässt [10]. Das „zunächst" und „zumeist" sind Einschränkungen und zeigen an, dass damit das Mitdasein Anderer nicht völlig erschöpft ist [11]. Es ist uns jetzt die Aufgabe gestellt, das Seinsverhältnis von Dasein zu Dasein vom Begegnen des Anderen durch den Zeugzusammenhang *abzuheben*, wenn die Untersuchung überhaupt sittliches

[9] ebenda S. 120.
[10] ebenda S. 125.
[11] Was wäre, wenn die in der Erschlossenheit des Mitseins befindliche Leerstelle des Anderen erst die *Art* der Möglichkeit eines verankerten Bootes ins Werk setzte?

Verhältnissein (das ein *zwischen*-menschliches Anliegen ist) in den Blick bekommen soll. Ist unser Ansatz, daß das personale Wertsein und die sittliche Seinsweise nur aus dem *Mitsein* ontologisch geklärt werden können, richtig, so muss sich herausstellen, dass zwischen dem Seinsverhältnis von Dasein zu Dasein einerseits und dem Begegnen von Anderen durch das Zeug und dessen Zusammenhang andererseits deutlich zu unterscheiden ist.

Was besagt Dasein zu Dasein? Was heisst hier eigentlich das „zu"? Es heisst nicht, dass der Andere, mit dem das Dasein je ist, zuhanden oder vorhanden ist, denn das Dasein hat die Seinsart des *Mit*seins. Es heisst auch nicht, dass sich hier ein Ichsubjekt auf etwas anderes „bezöge". Das „zu" ist ein *Seins*bezug des Mitseins, durch den der Andere „auch-mit-da" ist, und zwar in der Gleichheit des Seins des Daseins. Der Andere ist auch-da. Das Mitsein ist ein daseinsmässiger Spielraum, dem der „zu"-Charakter eignet. Das „zu" ist also nicht final, sondern ein *Zu*einander-*sein*, ein Zu-sein. Obwohl das Sein des Daseins und des Mitdaseins in der Seinsgleichheit des Da ist, weil das Mitdasein auch-da ist, hat das „zu" insofern einen weiteren Sinn, als der Andere „mit-da" ist. Das Mitdasein begegnet im Modus der Fremdheit [12]. Das heisst, dass das Mitsein je *Da*sein zu Fremd*da*sein und Fremd*da*sein zu *Da*sein ist, obgleich die möglichen Glieder alles Mitseins Sein des *Da* sind. Durch das Fremdsein hat das „zu" des Miteinanderseins demnach den Charakter der „Abständigkeit" [13].

Die Abständigkeit ist neben Einebnung und Durchschnittlichkeit eine Seinsweise des Man. Heidegger betrachtet die Abständigkeit im Besorgen dessen, „was man mit, für, und gegen Andere ergriffen hat", wobei das Verb „ergreifen" nicht näher bestimmt wird. Im Besorgen ruht „ständig die Sorge um einen Unterschied gegen die Anderen ...". Die Sorge um den Unterschied wird bestimmt durch das „Ausgleichen", „Aufholen" und „Niederhalten" des mitdaseinsmässigen Unterschieds":

> „Das Miteinandersein ist – ihm selbst verborgen – von der Sorge um diesen Abstand beunruhigt" [14].

Die Sorge um den Unterschied im Seinsverhältnis von Dasein

[12] SZ S. 121 ff.
[13] ebenda.
[14] ebenda.

zu Dasein ist der ontologische Grund für die Beunruhigung abständigen Unterschiedes, der dem Seienden zukommt, zu dem sich Dasein als Mitsein verhält. Das mitdaseinsmässige „Unterscheiden" ist nicht leicht zu fassen, denn es liegt im Mitsein kein Unterschied im Sein des Da vor, weil das Mitdasein auch-mitdaseinsmässig ist. Dieser mitseinsmässige Unterschied betrifft also keineswegs das Sein des Daseins, sondern erst die Modi „für" oder „gegen" die Anderen zu ⟨sein⟩, die mit-da sind. Das Dasein hält sich in den Modi des Für-seins, Gegen-seins, Ohne-seins, des Einander-nichts-angehens und des Aneinander-vorbeigehens. Die beiden letzteren Modi der Indifferenz sind diejenigen, in die das Dasein geworfen ist. Sie gehören zur selbstverständlichen Alltäglichkeit des Man der Anderen, das Niemand ist [15].

Durch die obigen Modi der Defiziens und Indifferenz der Fürsorge, in der das Dasein ist, zeichnet sich jetzt ab, dass die Frage nach den Werten, die Heidegger stellt, auf ⟨das Werten⟩ zurückgenommen werden muss. Alles Ausgleichen, Zurückholen und Niederhalten des mitweltlichen Unterschiedes, für den sich das Dasein sorgt (Fürsorge), schliesst ein Gegeneinander- und Füreinander*werten* des Unterschiedes ein. In jedem Unterschied liegt eine *Wert*differenz, die auf- oder abgewertet, bewertet oder gar verwertet wird. Das wertende Unterscheiden hat solche Charaktere wie ein ⟨mehr als⟩, ⟨weniger als⟩, ⟨für⟩, ⟨gegen⟩, ⟨positives⟩ und ⟨negatives⟩ Einwerten (wenn ein Unterschied erst gesucht wird). Ohne ein solches Verhältniswerten des Mitseins, worin der Andere „aufgeholt" oder „niedergehalten" wird, wäre des Man eine ständige Einebnung, durch die die Anderen sich immer und nur „herumstellten". Dies kommt aber dem Dasein keineswegs zu, wenn es überhaupt durch die *Sorge um* den Unterschied des Mitdaseins beunruhigt sein sollte, obwohl bestehen bleibt, dass das Dasein zunächst in die Modi der Indifferenz herumstehenden Mitdaseins geworfen ist.

Den obigen Modi der Defiziens und Indifferenz, die wir bezüglich der Frage nach ⟨dem Werten⟩ aufs schärfste betonen, kann nicht abgesprochen werden, dass sie ein Gleiches kennzeichnet: Die Anderen begegnen im erschlossenen Mitsein, dem Seinsverhältnis von Dasein zu Dasein, im *Wie* der Abständigkeit. Hierdurch ist das jemeinige Dasein beunruhigt. Die Modi ⟨für⟩

[15] ebenda § 27.

⟨gegen⟩, ⟨ohne⟩ sind Weisen, mitweltlich Da-zu-sein. Das Fremddasein ist nicht durch sein Sein, sondern durch die Art seines mitweltlichen Begegnens unterschieden. Es ist erst die Art der mitweltlichen Abständigkeit, die in der Fürsorge gründet, in der ein daseinsmässiges ⟨Werten⟩ überhaupt festgemacht werden kann. Dabei bleibt die Frage hier offen, worauf sich das mitweltlich wertende Unterscheiden richtet. Nur so viel kann hier bezüglich des ⟨worauf⟩ gesagt werden, dass es sich dabei keineswegs um materiale Werte handeln kann, auf die hin etwa gewertet würde. Denn materiale Werte sind keine Werte mitweltlichen *Zu*einander*seins*. Schon gar nicht bezieht sich ein solches Zueinanderwerten mitseinsmässigen Unterscheidens und Vergleichens auf ontisches Bewerten, das vorhandene Dinge voraussetzte. Das fürsorgend, abständig ausgleichende Werten ist ein solches zum „mit-(mir)", d.h. zum Wie des Fremddaseins in seinem mitweltlichen Modus. In einem gewissen Sinne ist also das ausgleichende Werten des Ausgleichens, Aufholens und Niederhaltens einem puren Zueinanderwerten und Verhältniswerten synonym.

Ein Modell mag hier geeignet sein, um das Gesagte zu verdeutlichen. Man stelle sich ein Universum von zwei sich gegenüberstehenden Augen A und B vor. Wir nehmen den Fall, A sieht B, und bezeichnen das Sehen von A und B als gleiches Sein. B ist Mitwelt von A, da A erst durch B überhaupt sieht, bzw. im Sehen von B auf A, A mitweltlich ist. Dennoch ist B das fremde Mitsehen (Mitsehsein) von A, und zwar dadurch, daß es in den Weisen B und nicht A ist (sieht). Im Mitsehsein von B, das in A erschlossen ist, steckt deshalb ein Fremdwertmodus, d.h. eine eingesichtete Verschiedenheit zu A, entweder B als gesehen ⟨für⟩, ⟨gegen⟩ oder ⟨ohne⟩ (wenn B fortfällt). Ein solcher Fremdwertmodus tritt schon schärfer hervor, wenn B an A etwas vorbeisähe, zwar so, dass das Mitsehsein eingesichtet bleibt (Selbstverständlich läge schon im kleinsten nur vernehmbaren „Ausdruck" von B ein Fremdwertmodus, der sogar von A in B hineingesichtet werden könnte). Fiele B ganz fort, so hätte A keine Mitwelt, womit auch das Sein von A fortfiele, da A nicht durch eine erschlossene Mitwelt (B) sieht (d.h. „ist") und kein Mitsehsein hätte. In diesem Falle mag A wohl ontisch sehen, ontologisch aber ist es blind (d.h. nicht seh*seiend*). A sieht („ist in") B, weil B auf A sieht, und nicht weil A ontisch sieht. A ist sich selbst auch fern, weil es nur durch B sieht, keinesfalls sich selbst. A steht deshalb in der „Botmässigkeit" von B, oder wie es Heidegger auch ausdrücken würde: B hat ihm sein Sein schon abgenommen, bzw. A steht in der Herrschaft von B, die seine Mitwelt darstellt [16].

Der Vektor mitweltlichen Differenzwertens richtet sich also zunächst ganz und gar auf das mitweltlich ⟨Andere⟩ in seinen Weisen *für*, *gegen* und *ohne*, d.h. auf ein richtungsneutrales herumstehendes *Mit*, in das das Dasein geworfen ist. Diesem Falle kommt streng genommen kein Zueinanderwerten mehr zu, wohl aber eine Wertigkeit. Mit allem diesem haben wir zunächst folgendes gewonnen: Das mitweltliche Ausgleichen, Niederhalten und Aufholen schliesst einen eingewerteten Unterschied ein, der nicht dem Sein des Daseins, sondern seinem mitweltlichen Abständigsein zukommt.

Dies muss jetzt vom Standpunkte von SZ eingeschränkt werden. Denn zunächst ist das Dasein in das alltägliche und durchschnittliche Man geworfen, in dem die Anderen „herumstehen", wie Heidegger es ausdrückt. Im quasi abstandsneutralen Mitsein des Man verbirgt sich ein Minimum qualitativer Abständigkeit und damit auch ein Minimum eines mitweltlichen Zueinanderwertens und Vergleichens, da jeder der Andere und alle überhaupt niemand sind. Gerade durch das Minimum qualitativer Abständigkeit und eingewerteten Unterschiedes ist das alltägliche Mitsein ebenso langweilig wie das Man selbstverständlich ist. Das abstandsneutrale Man ist ein der Modi der Defizienz bares Seinsverhältnis zwischen herumstehendem Mitdasein. Es ist das pure „auch-da". Wenn das so ist, so fragt sich, wie denn das Man auf der einen Seite und die Beunruhigung in ihm auf der anderen Seite zu begreifen sind. Diesem Thema wenden wir uns nun zu.

[16] Man mag zwar der Ansicht sein, daß das Modell hinkt; es würde jedoch noch mehr hinken, wenn man ein Modell von je zwei sich gegenüberstehenden Augen annähme, da durch binokulares Sehen die optische Tiefendimension entsteht, d.h. der drei-dimensionale Sehraum, der mit ontologischer Abständigkeit nichts zu tun hat. Diese tritt deutlicher bei zwei gegenüberstehenden Augen hervor, da die Tiefendimension fortfällt (Vgl. hierzu Weyl, Hermann, *Philosophie der Mathematik und Naturwissenschaft*, München 1928 S. 91 ff.). Ob allerdings der Sehraum drei-dimensional ist, wurde bereits von Max Scheler bestritten, denn es „treffen" sich doch zwei sog. parallele Eisenbahnschienen im Sehraum, was Weyl nicht erwähnt. Für Scheler ist der Sehraum ein Riemannscher Raum, wie er für die Relativitätstheorie in Anspruch genommen wird (Vgl. „Idealismus – Realismus" a.a.O. S. 294).

§ 12. *Der Doppelcharakter des Man*

Man kann die obigen Ausführungen über das Werten der mitweltlichen Abständigkeit nicht davon freisprechen, dass sie vielfach von Dasein und Fremddasein sprachen und damit den Eindruck erwecken mussten, als ob wir vom mitweltlichen Unterschiedssein des Daseins im Sinne eines Verhältnisseins von Individuum zu Individuum redeten. Diesen Eindruck mussten wir bei dem Versuch in Kauf nehmen, die Abständigkeit als den Ort mitweltlichen Zueinanderwertens herauszustellen. Jetzt können wir der ontologischen Relevanz des Zueinanderwertens durch die Bestimmung seines Ortes gerechter werden, und dadurch den genannten Eindruck aufheben.

Zunächst ist das Dasein in das Man geworfen. Das Dasein geht sich nichts an und geht aneinander vorbei (Modi der Indifferenz). Der Ausgelegtheit des Man kann das Dasein sich nicht entziehen, weil es in sie geworfen ist und in diesem Wurf bleibt. Das Man beherrscht das, was das Dasein besorgt und ergreift, was geschehen soll oder nicht. Die Frage, wodurch das Dasein beunruhigt ist, blieb unbeantwortet, es sei denn, dass der Grund der Beunruhigung des Daseins in der modalen Abständigkeit gesehen würde. Gemäss SZ sagten wir, daß das Dasein durch die Sorge um den Abstand beunruhigt sei und daß das Dasein durch das Man, in das das Dasein geworfen ist, zunächst abstands-neutral sei.

Die Beunruhigung des Miteinanderseins wird in SZ insofern bestimmt, als das Miteinandersein nicht ein völlig gleichgültiges Nebeneinander, sondern ein zweideutiges Aufeinanderaufpasssen ist: „Unter der Maske des Füreinander spielt ein Gegeneinander"[17]. Das Miteinandersein des Man ist kein völlig gleichgültiges Herumstehen der Anderen. Das bedeutet aber, daß die Modi der Indifferenz cum grano salis zu nehmen und die Modi der Defizienz die eigentlichen Modi des Miteinanderseins sind. Wie aber ist auf der einen Seite das Man, in dem jeder ein Anderer ist und keiner er selbst (Einebnung), und auf der anderen Seite die Beunruhigung des Daseins um den mitweltlichen Unterschied zu denken?

Es wäre dem Begriff des Man im Sinne des Niemand nicht gemäss, wenn man sich hier ohne weiteres für ein beunruhigtes Man

[17] SZ S. 175.

entscheiden wollte, weil schon dadurch auch das Niemand qualifiziert werden müsste. Ein Weg, das Man des Niemand ontologisch trotz der Beunruhigung zu rechtfertigen ist derjenige, den auch Heidegger impliziert, nämlich dass die Beunruhigung erst in das Man, in das das Dasein geworfen ist, gestellt wird: Dem Dasein geht es nicht nur um ⟨den⟩ Anderen und dessen Weisen mitweltlich abständigen Begegnens, sondern auch um den Man-Anderen, der um des Man *willen* besorgt wird. Dem Dasein geht es mitweltlich um das Man. Die Beunruhigung ist ebenso umwillen des Man. Der eine passt auf den Anderen auf und ist beunruhigt, dass man das tut, was man tut. Das Man ist der Hintergrund, auf dem ⟨man⟩ zunächst bewertet wird. Die Beunruhigung des Miteinanderseins steht in der Sorge um das Man-tut, die das Man hält. Oder sollte es ein Zufall sein, dass z.B. die Menschen sich zunächst durchaus an das halten, was man alltäglich tut und in keiner Weise zunächst etwa an einen vorgeschriebenen ethischen Imperativ? Sittliche Normen scheinen erst dann wirksam zu sein, wenn sie zu dem ausgelegten Man-tut ⟨passen⟩. Passen sie nicht, so haben sie wenig Aussicht, dass man sie praktisch wirksam befolgt. Denn zum Dasein gehört, ganz gleichgültich wie, der stete Wechsel von Krieg und Frieden, nicht jedoch, weil man sich gegen ethische Normen oder Gesetze vergeht, sondern weil das Man es sich leisten kann, sich je unschuldig zurückzuziehen. Denn man führt keinen Krieg, noch vergeht man sich. Die Unschuldigkeit des Man, auf das man sich beruft, garantiert geradezu den Freispruch (z.B. von Kriegsschuld), um den es einem geht. Das Man bedarf überhaupt *keines* ethischen Imperativs, es sei denn des „Imperativs", wonach man das zunächst tut, was man tut. In dem Man-tut steckt ein bereits ausgelegtes Zu-einanderhandeln, um das es dem Dasein geht. Das Dasein ist fürsorgend um sein Man beunruhigt.

Die vorangehenden Ausführungen besagen, dass zum Man ein schon ausgelegtes Man-tut gehört, das ich das alltägliche „Zueinanderhandeln" nennen möchte; darauf soll näher eingegangen werden, um es von dem zu unterscheiden, was die Soziologie den der Sitte vorgelagerten Brauch nennt. Das Zueinanderhandeln ist dadurch charakterisiert, dass bestimmte Handlungseinheiten mitweltlich je ihren ⟨Platz⟩ haben, der im Miteinandersein erschlossen ist. Es ist am Platze, so oder so zu handeln, bzw. sich so oder so mitweltlich zu verhalten. Dem Zueinanderhandeln kommt für jede Ethik ontologische Bedeutung zu. Denn das Schuldigwerden an Anderen liegt keineswegs nur im Verletzen eines öffentlichen Rechtes oder einer ethischen Norm, sondern im Grundsein für den Mangel im Dasein eines Anderen [18]. Die Mangelhaftigkeit ist ein Ungenügen einer ⟨Forderung⟩, die nicht nur an das Mitsein ergeht, sondern die im Mitsein schon angelegt ist. Die sittliche Schuld ist, wie auch Heidegger andeutet, ontologisch kaum geklärt worden. Ihre Analyse müsste jedenfalls das alltägliche Zueinanderhandeln ins Auge fassen. Denn gerade dann, wenn das Zueinanderhandeln des Miteinanderseins seinen ⟨Platz⟩ verfehlt oder gar durch ein Ausbleiben durchbrochen wird, weist sich das Man-tut aufs Schärfste aus. Das geschieht z.B., wenn Dank und Ehrerbietung da ausbleiben, wo sie mitweltlich am Platze sind. Zu danken und Ehre zu erweisen, ist primär eine Forderung des Miteinander*seins*, nicht aber primär eine Forderung oder Norm, der ich willentlich oder pflichtgemäss Genüge leisten soll. Dass ich so handeln „soll", ist erst möglich, weil das Miteinandersein dankend und ehrerbietend ist. Das Zueinanderhandeln liegt auch schon vor beim alltäglichen Fragen und Antworten. Gebe ich im alltäglichen Umgang mit Anderen auf eine mir gestellte Frage einfach keine Antwort, so wird ein solches Verhalten bereits die Struktur des Zueinanderhandelns durchbrechen, so daß das Ausbleiben der Antwort zunächst *auffällt*, d.h. mitweltlich *aus der Rolle fällt*. Denn ich antworte, nicht, weil ich so zu handeln gelernt habe, sondern ich antworte, weil ich alltäglich überhaupt antwortend bin, d.h. man antwortend ist.

Sowohl Martin Heidegger als auch Max Scheler gehen auf das, was wir das Zueinanderhandeln nannten, beiläufig ein. Heidegger sagt:

„.... wir finden ⟨empörend⟩, was *man* empörend findet".

Oder:

„Das Man hat selbst eigene Weisen zu sein. Die genannte Tendenz des Mitseins, die wir die Abständigkeit nannten, gründet darin, dass das Miteinandersein als solches die *Durchschnittlichkeit* besorgt. Sie ist ein existentialer Charakter des Man. Dem Man geht es in seinem Sein wesentlich um sie. Deshalb hält es sich faktisch in der Durchschnittlichkeit

[18] ebenda S. 282.

dessen, was sich gehört, was man gelten lässt und was nicht, dem man Erfolg zubilligt, dem man ihm versagt" [19].

Das durchschnittliche Zueinanderhandeln wird noch einmal bei der existentialen Konstitution des Da aufgenommen:

„Nicht nur kennt und bespricht jeder, was vorliegt und vorkommt, sondern jeder weiss auch schon darüber zu reden, was erst geschehen soll (v. Verf. gesp.), was noch nicht vorliegt, aber ⟨eigentlich⟩ gemacht werden müsste (v. Verf. gesp.)" [20].

Zur Thematik des alltäglichen Zueinanderhandelns gehört auch das Folgende, das wir bereits in Schelers *Formalismus* finden, obgleich Scheler nach dem „Wer" und dem „umwillen" dieses Phänomens nicht mehr fragte:

„So (beim praktischen Rechnungtragen) erleben wir auch die auf der Achtung der Menschen beruhende ⟨Ehre⟩ unserer Person als eine Einheit der Wirksamkeit, desgleichen die Liebe der Eltern als eine solche, ohne dass uns diese Akte und die Personen, die sie vollziehen, dabei *gegeben* sind; ja so, dass sich auch die *Einheit* dieser erlebten Wirksamkeit erst als ein *besondere* abhebt, wenn sie plötzlich aufhört – d.h. Liebe und Achtung uns entzogen wird ..."

„Oder ein andere Fall: es gibt ein ⟨praktisches⟩ Gehorchen und ein ebensolches ⟨Vergehen⟩ gegen Gesetze, die nicht wie Naturgesetze das Naturgeschehen des Handelns ⟨beherrschen⟩, als vollzöge es sich ⟨nach⟩ ihnen in ganz objektiver Weise; die aber auch durchaus nicht als Gesetze gegeben sind (in einer Form der Perzeption, des ⟨Wissens von ...⟩), die vielmehr *im* Vollzug des Handelns als erfüllt und als verletzt *erlebt* werden, und erst in diesen Erlebnissen überhaupt zur Gegebenheit kommen. In diesem Sinne ist der schaffende Künstler von den ästhetischen Gesetzen seiner Kunst ⟨beherrscht⟩, ohne dass er sie ⟨anwendet⟩, aber auch ohne dass er ⟨Erfüllung⟩ und ⟨Verletzung⟩ erst an der *Wirkung*, d.h. am Kunstwerk fände. In diesem Sinne gehört zum Wesen des ⟨Verbrechens⟩, dass der Handelnde Gesetze verletzt und sich als verletzend im Handeln erlebt, mit deren Bestand er doch sonst *praktisch* rechnet, bei sich und anderen – ohne dass er indes auch nur die mindeste *Kenntnis* dieser Gesetze haben müsste; oder an sie ⟨gedacht⟩ haben müsste. Andererseits ist, wer Gesetze kennt und sie verletzt, durchaus noch kein Verbrecher. Der blosse ⟨Brecher⟩ und ⟨Feind⟩ eines Gesetzessystems ist kein ⟨Verbrecher⟩; denn er steht ohne jede Art von praktischer Anerkennung ihm gegenüber" [21].

Das Zitat aus dem *Formalismus* gibt uns einen weiteren Einblick in das alltägliche Zueinanderhandeln, das wir oben durch die Beispiele des Dankens und Ehrerbietens und des Fragens und Antwortens bereits erläuterten. Auch im Danken und Ehrerbieten gehorche ich ⟨praktisch⟩, d.h. ich danke nicht nach Ge-

[19] ebenda S. 127.
[20] ebenda S. 173.
[21] *Der Formalismus* S. 160.

setzen, sondern das Danken und Ehrerbieten weist sich im Aktvollzug an seinem Platz aus. Die ontologische Frage nach dem Wer des Handlungsvollzugs wird bei Scheler nicht gestellt. Das Wer, das nicht ⟨nach⟩ Gesetzen, sondern ⟨durch sich selbst⟩ und ⟨zu sich selbst⟩ handelt, muss das Seiende sein, dessen alltägliches Zueinanderhandeln bereits so ausgelegt ist, dass jede Ausnahme und jeder Abfall von ihm das Miteinandersein beunruhigt. Zunächst ist das Ausbleiben einer Handlungseinheit, die am Platz ist, keine ethische, sondern eine ontologische Angelegenheit. Bleibt eine Handlungseinheit der Ehrerbietung oder des Dankens aus, sofern sie auf das Miteinandersein schon ausgelegt ist, so ist das Ausbleiben zunächst eine Störung durchschnittlichen Zueinanderhandelns des Man-tut. Erst sekundär liegt hier die Möglichkeit eines negativen Urteils ⟨über⟩ das Ausbleiben. Zunächst fällt also das, was aus dem Man-tut herausfällt, dem Miteinandersein auf.

Ist das Zueinanderhandeln schon alltäglich ausgelegt, so ist hierdurch auch der Heideggersche Satz bekräftigt, nach welchem das Dasein unter der Herrschaft des Man steht und das Man über jede Ausnahme wacht. Es besteht somit wenig, wenn nicht keine Aussicht, einen ethischen Sollenssatz im Man gründen zu können, da durch die Ausgelegtheit des Miteinanderseins das Man sein eigenes „Soll" ist. Wir vertreten deshalb die Auffassung, dass bei allen Versuchen, sittliche Forderungen und Schuld ontologisch zu begründen, dies durch *Nicht*sollenssätze zu geschehen hat, die sich auf Handlungseinheiten beziehen, durch deren Ausbleiben das durchschnittliche Zueinanderhandeln gestört ist.

Unter solche Nichtsollenssätze fiele schon derjenige, der sich auf das Ausbleiben einer Grusserwiederung bezieht. Grüsst mich als Fremder morgens auf dem Lande eine Bäuerin und grüsse ich grundlos nicht zurück, obschon ich ihren Gruss wahrnehme, so ist damit weder eine moralische Schuld verbunden, noch ein Gesetz oder eine Verpflichtung verletzt. Zunächst springt das Ausbleiben des Wiedergrüssens selbst für herumstehende Beobachter aus dem Man-tut heraus. ⟨Im⟩ Ausbleiben ist das Zueinanderhandeln gestört. Dies ist nicht deshalb so, weil das Grüssen ein genereller Brauch ist, sondern weil das Grüssen ein Charakter des *Zu*-einander-*seins* ist. Nur ein *Zu*-einander-*sein* kann überhaupt grüssen und nicht grüssen. Im Gruss (nicht in der Gewohnheit zu grüssen) spricht sich das Zueinandersein selbst an. Dass ich mitseinsmässig grüssend *bin*, fundiert erst einen Satz, wonach ich grüssen soll, weil das Grüssenkönnen zum Wesen des Zu-*seins* gehört. Grüsse ich faktisch nicht zurück, so ist die Störung der Struktur des Zueinanderseins erst durch das Wesen des Zueinanderseins, durch das ich zu-grüssend bin, ermöglicht.

Der Hinweis auf das alltägliche Zueinanderhandeln erweckt den Eindruck, als ob seine ihm zugehörigen Nichtsollenssätze für die Ethik völlig banal und unzureichend wären, und das schon deshalb, weil sie sich nicht sogleich auf ein „Gut" zu beziehen scheinen. Dass ich nicht nicht-grüssend sein soll, weil ich als Mitseiendes grüssend bin, und dass ich nicht nicht-antwortend sein soll, weil ich als Mitseiendes antwortend bin, besagt in der Tat für die Ethik recht wenig. Die ontologische Relevanz solcher Nichtsollenssätze, die sich auf den Ausfall einer Handlungseinheit des ausgelegten Zueinanderhandelns so beziehen, dass durch sie eine (ausgebliebene) Handlung als ⟨aus der Rolle fallend⟩ expliziert wird, liegt aber gerade in ihrer Banalität und Selbstverständlichkeit. Denn ein solcher Nichtsollenssatz sagt im Grunde das, was *man* nicht tut, wodurch er der sittlichen Verantwortung vor Gesetz und Norm bar ist. Das Man-tut ist dem moralischen Ge-setz bereits vorweg, weil das Dasein mitweltlich bereits ausgelegt ist. Die besagten Nichtsollenssätze sind demnach ontologisch *Entlastungsätze*, denn das Man entlastet das Dasein dadurch, dass es ihm die Verantwortung abnimmt [22]. Das Zueinanderhandeln ist vor keinem verantwortlich, weil *man* so und so handelt. So dürfte denn auch der Ausfall der genannten Handlungseinheiten in praxi kaum zu einem Rechtsfall führen, geschweige denn eine moralische Schuld darstellen. Denn setzt man den Fall, dass jemand sein Leben lang, wenn an ihn eine Frage ergeht, keine Antwort gibt und als Begrüsster nicht zurückgrüsst, so würde man den Betreffenden eher als einen pathologischen Fall betrachten, als dass man ihm eine Beleidigungsklage zuschickte, weil er weder ein Recht noch eine sittliche Forderung verletzt.

Indes ist ein Sollenssatz, der wie der kategorische Imperativ Kants weit über das hinausgeht, was *man* tut und wie *man* handelt, ontologisch ein *Belastungssatz*. Die Frage, warum

22 SZ S. 127f.

sich das Dasein, das durch das in es geworfene Man entlastet ist, überhaupt (ethisch) belastet, dürfte zu den Vorfragen einer jeden ontologischen Analyse der Ethik gehören. Die Frage gehört nicht in den Rahmen unserer Betrachtungen.

Aus dem betonten Unterschied zwischen der Zugänglichkeit von innerweltlich Zuhandenen und dessen Verweisungen, in die das Dasein geworfen ist, und dem mitweltlichen Seinsverhältnis von Dasein und Dasein ergab sich die Thematik des alltäglichen Zueinanderhandelns. Dieses Thema bedarf weit eingehenderer Ausarbeitung, als es hier auch nur entfernt möglich war. Dem schon in der Wahrnehmung verstehend ausgelegten Zuhandenen tritt im geworfenen Miteinandersein gemäss dem oben Gesagten das Zueinanderhandeln zur Seite. Nicht also stellen wir dieses Zueinanderhandeln „theoretisch" dem Verweisungszusammenhang von zuhandenem Zeug „als Ergänzung" zur Seite, sondern es muss zu dem ausgelegten Miteinandersein das Zueinanderhandeln, wie immer es im einzelnen zu bestimmen sei, hinzukommen, weil zum In-der-Welt-sein des Daseins *sowohl* das Sein des Zuhandenen *als auch* das Mitsein mit Anderen gehört.

Es sei noch darauf hingewiesen, dass schon Scheler die Fehlhandlung mit dem „⟨Vergreifen⟩" verglich, bei dem der Gegenstand ein anderer ist als derjenige, für den ich ihn halte [23]. Er ging dabei jedoch nicht auf die ontologische Relevanz dieses Hinweises ein, denn er schien nicht zu bemerken, dass er implizit die Fehlhandlung dem gegenüberstellte, was er selbst die Welt von Brauchbarkeiten nannte [24], ein Thema, das ihn schon seit 1910 beschäftigte und das er in „Idealismus – Realismus" im Zusammenhang mit dem zuhandenen Zeug Heideggers erwähnt. Das heisst aber wiederum nicht, dass die materiale Wertethik auf keinem ontologischen Boden stände. Wollte man dem Schelerschen Hinweis auf die Fehlhandlung und das Vergreifen weiter nachgehen, so liesse sich gemäß den obigen Ausführungen jetzt schon sagen, dass die Fehlhandlung im Sinne einer Täuschung, als die sie Scheler an der genannten Stelle auffasst, das Zueinanderhandeln *ausdrücklich* macht und dass die Fehlhandlung im Sinne des Fehlens und Ausbleibens einer Handlungseinheit die Struktur des Zueinanderhandelns *aufdringlich* macht. Ausdrück-

[23] *Der Formalismus* S. 142.
[24] „Idealismus – Realismus" a.a.O. S. 272.

lichkeit, Aufdringlichkeit und die Auffälligkeit, auf die wir bereits hinwiesen, wären demnach nicht nur Modi des Zuhandenen [25], sondern zugleich solche des Zueinanderhandelns des geworfenen Miteinanderseins. Ja, selbst dem vorentdeckten Umkreis des Zeugzusammenhanges, durch den ich ein Zeug ⟨verlegen⟩ kann [26], muss im Mitsein der vorentdeckte Umkreis des Handlungszusammenhanges zur Seite stehen, durch den ich ⟨fehl⟩ handeln kann.

§ *13. Zur Ontologie des Ressentiment*

Die Analyse des Mitseins hat bisher Folgendes zusammengestellt: Durch die Sorge um den Unterschied, der dem abständigen Mitsein zukommt, ist das Miteinandersein beunruhigt. Die Sorge des Mitseins, die Fürsorge, hat verschiedene Weisen: das Für-, Wider- und Ohneeinandersein (Modi der Defizienz), das Aneinandervorbeigehen und Einander-nicht-angehen (Modi der Indifferenz). Das Dasein gleicht sich durch die Fürsorge zum mitdaseinsmässigen Unterschied aus. Es holt den Unterschied auf, oder es hält ihn nieder. Der mitweltliche Unterschied, durch den das eigene Dasein ⟨gegen⟩, ⟨für⟩, ⟨ohne⟩ den Anderen ist, betrifft nicht das Sein des Daseins, sondern den existentialen Charakter der Abständigkeit, die jeweils eine Weise der Fürsorge ist, mit-da zu sein. Ist das Seiende, dessen Sein Mitsein ist, in der Sorge um den Unterschied zu Anderen, so gehört zur mitdaseinsmässigen Unterschiedlichkeit Anderswertigkeit, die aufgeholt, niedergehalten oder ausgeglichen wird. Der Ort des Wertens, nicht also der Werte, wurde in der mitweltlichen Abständigkeit gesehen, da zu einer unterschiedlichen Anderswertigkeit, die sich in der Fürsorge kundgibt, ein Werten gehört. Die Frage nach dem „worauf" des Wertens des Miteinanderseins wurde bisher noch nicht gestellt.

Wir greifen nun zu zwei Manifestationen der Abständigkeit. Dies tun wir einmal, um die Randbemerkung Schelers, in der er sich auf die Reue und das Ressentiment bezieht, zu verstehen. Diese Bemerkung befindet sich an der Stelle von SZ, wo Heidegger auf die Dunkelheit der Explikation der existential-ontolo-

[25] SZ § 16.
[26] ebenda § 69a.

gischen Fundamente des interessenehmenden Aktes verweist [27]. Zum anderen gehen wir so vor, um die ontologische Möglichkeit von Ressentiment und Reue in die Sicht zu bekommen.

Gehört das Besorgen dessen, was man mit, für und gegen den Anderen „ergriffen" hat, wie Heidegger sagt, zur Abständigkeit des Mitseins, so bleibt zu fragen, was es heisst, mit, für, gegen und ohne einen Anderen etwas zu „ergreifen". Das Wort „ergreifen" suggeriert das Ergreifen von Dingen. Man greift oder ergreift den Hammer, um etwas praktisch herzustellen. Man ergreift die Türklinke, um die Türe zu öffnen. Herstellend und die Tür öffnend ist der Andere, der das tut, mit mir. So gesehen steckt im Wort „ergreifen" vorwiegend das, wodurch das Mitdasein in der Zeughaftigkeit begegnet. Es begegnet im Umgang mit Zeug. Der Hammer wird aber auch ergriffen, um einen Anderen zu erschlagen. In *diesem* Falle muss das „in eins" Heideggers qualifiziert werden, wenn er, wie wir oben anführten, sagt, das Mitdasein begegne „in eins" mit dem umweltlich Zuhandenen. Denn wer einen Anderen erschlägt, will ⟨ihn erschlagen⟩ und keineswegs den Hammer ergreifen, um etwas praktisch herzustellen, obgleich bestehen bleibt, dass sich der Hammer auch in diesem Falle von der Welt her offenbart, zu der sowohl der praktische Umgang *als auch* das Mitdasein Anderer gehört. Der erschlossene Zeugverweisungszusammenhang des Hammers kann aber nicht dafür verantwortlich gemacht werden, dass das Dasein abständig ⟨gegen⟩ den anderen ⟨sein⟩ kann. Im Gegenteil ist der mitweltliche Modus der Abständigkeit der Grund für den Hammerschlag. Erst in und durch diesen Modus ist das Dasein ⟨hammerschlagend⟩.

Wir sagten bereits, dass der Hammer völlig unter die Reihe der Nutzwerte fiele. Ebenso wiesen wir darauf hin, dass eine gewisse Vorsicht bezüglich der Wertnehmung bei den Nutzwerten geboten ist. Im obigen Beispiel des Hammerschlages scheint sich dies zu bestätigen. Denn der Mörder geht doch nicht in einem werktätigen Sinne „mit dem Hammer um", sondern der Hammer ist *das erste beste,* womit er ⟨ihn erschlägt⟩. Der Hammerschlag ist also in einem gewissen Sinne in dem abständigen Modus ⟨gegen⟩ als *ausgelöst* zu betrachten, so dass der Hammer dem Schlagen sozusagen nachhängt. Dieser Fall ist von einem gebrauchenden Umgang mit dem Hammer beim Zeug wohl zu

[27] ebenda S. 139.

scheiden. Bei diesem mögen die Zuschnitte des modifizierten Begegnens des Zuhandenen in der Wertnehmung ihre Gültigkeit haben, bei jenem sicherlich nicht, da das ganze Ereignis des Schlags im abständigen ⟨gegen⟩ liegt.

Es ist nicht verwunderlich, dass Scheler an das Ressentiment und die Reue dachte, als er das in SZ über die existential-ontologische Fundierung der vorstellenden und interessenehmenden Akte Gesagte las [28]. Denn ist nach Scheler die personale Mitwelt allem Gegebenen vorgegeben, dann ist der interessenehmende Akt in dem Sinne primär, als er zum Miteinandersein gehörend verstanden wird. Das heisst: Er ist primär als Akt zwischenpersonalen Liebens und Hassens (Du-Sphäre) im formalisten Sinn dieser Termini. Das Lieben ist pures mitweltliches Angezogensein („Zug"), das Hassen ist pures mitweltliches Abgestossensein („Stoss"). Erst sekundär gehört der interessenehmende Akt zu den Seins-sphären Leib-Umwelt, Ich-Aussenwelt, Körperleib-toter Körper, Seele-Leiblich [29]. Der Primat des interessenehmenden Aktes, sofern er auf die Mitwelt bezogen wird, bildet für eine Reihe augenscheinlich verschiedener Abhandlungen Schelers geradezu das innere Band ihrer einheitlichen Zusammengehörigkeit [30]. Hierzu gehören z.B. die Abhandlungen über die Scham, die Freiheit, die Demut, „Liebe und Erkenntnis" und der sechste Abschnitt des *Formalismus*. Auch die Abhandlungen über das Ressentiment und die Reue gehören dazu. Auf die kulturkritische Bedeutung des Ressentiments gehen wir hier nicht ein. Was uns von Bedeutung ist, ist ein Moment des interessenehmenden Aktes im Miteinandersein, nämlich das Vergleichen, welches das Ressentiment immer kennzeichnet.

Jeder Mensch vergleicht sich heimlich oder bewusst mit seinem personalen Gegenüber. Der Vergleichsakt ist bedeutend komplizierter, als es in der Alltagserfahrung den Anschein hat. Hier steckt das Vergleichen schon in Perzeptionsakten von zwei oder

[28] ebenda.

[29] Zu den Seinssphären bei Scheler vgl. „Idealismus – Realismus", a.a.O. S. 266ff. *Die Wissensformen und die Gesellschaft*, S. 374; 56f. *Vom Ewigen im Menschen*, S. 252. *Die Stellung des Menschen im Kosmos*, S. 54.

[30] Für Scheler gründet der „Stoss" (Hass) im „Zug" (Liebe), worauf wir hier nicht einzugehen brauchen, Vgl. *Schriften aus dem Nachlass*, I, S. 368. Kürzlich haben J. H. Nota, S.J., „De Rol van de Liefde in Max Schelers Ethica" in: *Bijdragen* 27, 1966, und Josef Malik, „Wesen und Bedeutung der Liebe im Personalismus Max Schelers" in *Philosophisches Jahrbuch*, 1965, auf die Zentralbedeutung der Liebe in Schelers Philosophie hingewiesen.

mehr wahrgenommenen Gegenständen. Jedoch ist das Relationsbewusstsein bereits dann am Werk, wenn eines von zwei zu vergleichenden Fundamenten nicht gegeben ist. Dies geschieht bei Erwartungsakten und Erinnerungsakten. Das sog. Liebesideal, das heimlich an konkreten Personen verglichen und gemessen wird, ist nicht gegeben, ja es braucht sich nicht einmal in der Zukunft zu realisieren. Ebenso kann ein Fundament im Erinnerungsakt gesucht werden, nämlich dann, wenn mich eine Person an einen anderen erinnert, ohne dass ich mich des Betreffenden faktisch erinnere, obschon ich vergleiche. Es scheint selbst ein Vergleichen ohne Fundamente zu geben. Dies geschähe bei einem emotiven Vergleich zweier Gefühlsfunktionen, in denen zwei Fundamente erlebt wurden aber nicht gegeben sind und deshalb durch die Gefühlsfunktionen hindurch gesucht werden. Bei all dem ist zu bedenken, dass der Vergleichsakt zweistufig ist. Einmal ist das Relationsbewusstsein tätig, wenn die Anderswertigkeit meines Gegenüber verglichen wird, zum anderen ist es tätig, wenn das Relationsbewusstsein Stufen meines jemeinigen Selbstseins vergleicht. Dieses kommt vielfach bei Gewissenssachen vor, wie überhaupt der Vergleichsakt alle Eigenakte religiöser Art durchzieht, z.B. den Reueakt. Wir lassen hier die von Scheler nicht gestellte phänomenologische Frage offen, ob der Vergleichsakt überhaupt eine Urqualität jeden interessenehmenden Aktes bezüglich des Miteinanderseins ist.

Das dem Ressentiment zugrunde liegende Vergleichen bezieht sich auf die zwischenpersonale Wertmässigkeit. Es tritt sowohl zwischen Individuen als auch zwischen Kollektivpersonen (z.B. Rassenressentiment) auf. Das emotiv abwertende Gift des Ressentiment lösst sich deshalb beim Vergleichsakt aus, weil dieser sich auf eine mitweltliche positive Anderswertigkeit richtet, die in der Ohnmacht des Ressentimentmenschen nicht ausgeglichen werden kann. Nur das psychische Gift des Ressentiment verhilft dem Ressentimentsubjekt, sich über seine Ohnmächtigkeit hinwegzutäuschen, indem es den positiven Objektwert der Mitperson vermindert und sich selbst über seine Ohnmacht täuschend hinwegbewegt. Wie sehr auch das Ressentiment in seinem psychologischen Effekt in der Geschichte wirksam sein mag, so ist es ontologisch doch nur durch Differenzwertigkeiten des Mitseins zu klären. Ein Vergleichen *kann* es nur dann geben, wenn das Mitsein eine Seinsart abständiger Unterschiedlichkeiten ist, die verglichen werden. Dass der Mensch sich fortwährend mitweltlich vergleicht, macht ihn noch nicht zum Ressentimentmenschen. Erst das Nicht-sein-können (Ohnmacht) eines positiven Objektwertes einer Mitperson, die durch den abständigen Unterschied verglichen werden muss, ist die Quelle des Ressentimentgiftes. Die „organische Verlogenheit" des Ressentiments, die den Wert einer Wertperson verletzt und vermindert, ist Balsam für das Ressentimentsubjekt selbst, durch den es sich selbst (verfälschend) erhöht. Das Ressentiment ist eine *psychische Zuflucht angesichts des Nicht-sein-könnens* eines positiven mitweltlichen Wertes.

Die positive mitweltliche Wertmässigkeit des personalen Gegenüber, deren das Ressentimentsubjekt durch die Ohnmacht nicht mächtig ist, wird in zwei Qualitäten des Vergleichsaktes verglichen, wodurch es sich auszugleichen sucht. Diese Qualitäten sind nicht eigentliche Charaktere des Vergleichsaktes, sondern sie sind das, was den Vergleichsakt durch das Nicht-sein-können einer positiven Wertigkeit des personalen Gegenüber in zwei Ressentiment*richtungen* verzerrt. So wird der positive Objektwert nicht etwa erst verglichen und dann emotiv vermindert, sondern ⟨im⟩ Vergleichen selbst vermindert das Ressentimentsubjekt, und zwar in zwei Richtungsmöglichkeiten. Das Ressentiment unterdrückt nicht nach einem Vergleich, sondern es vergleicht unterdrückend. Das Vermindern eines Objektwertes, wodurch das Ressentimentsubjekt gegen einen Anderen sich aufzuholen sucht, und das Unterdrücken eines Anderen, wodurch es seine Ohnmacht verdeckt sind die Qualitäten des beim Ressentiment auftretenden Vergleichsaktes. Wir fassen dies folgendermaßen zusammen, in dem wir uns an Schelers Ressentimentabhandlung halten:

I. Das Ressentiment vermindert einen positiven Wert einer Mitperson auf die negativwertige Ohnmachtsebene, aus der es entspringt, um gegen die Mitperson aufzuholen [31].

[31] *Vom Umsturz der Werte*, S. 35–114. Als Beispiel hierfür möge der Typ der alten Jungfrau, den Scheler erwähnt, dienen (*Schriften aus dem Nachlass*, I, S. 99; *Vom Umsturz der Werte* S. 53). Durch den in ihrer Ohnmacht unterdrückten Geschlechts- und Zärtlichkeitstrieb sucht sie als Ressentimenttyp jede Gelegenheit in ihrer Umgebung auf, um über fremdgeschlechtliche Beziehungen und Erscheinungen (z.B. Modestil) entwertende Urteile zu fällen. Sie geniesst ihre moralische Entrüstung (ausgelöst durch femininen Geschlechtsneid) als letzte Form geslechtlicher Befriedi-

II. Das Ressentiment hält einen positiven Wert einer Kollektivperson oder Gruppe nieder, um über sie herrschen zu können [32].

Die beiden Ressentimentrichtungen, die vermindernd aufholende und die niederhaltende, sind keine vom Willen her bebestimmte Hassrichtungen, sondern sie sind ermöglicht durch die Fürsorge um den mitweltlichen Unterschied und deren Weisen des Aufholens und Niederhaltens und damit das Ausgleichens. Alles Aufholen, Niederhalten und Ausgleichen als ontologische Weisen der Fürsorge liegt phänomenologisch auf der Seite der *Vergleichsakte.*

Das Ressentiment geht weder vom Subjekt auf eine Objektperson aus, noch ,,bezieht" es sich auf eine solche. Vielmehr löst umgekehrt die Mitperson in ihrer positiven *Anders*wertigkeit das Ressentimentgift erst aus. Es zeigt sich gerade beim Ressentiment, dass der interessenehmende Akt so beschaffen ist, daß er ontologisch zum *Mit*sein gehört, in dem der Andere sich auch dann bestimmt, wenn er nicht vorhanden ist. Dies macht uns auch verständlich, dass Scheler, der immer wieder die Vorgegebenheit des Du betonte, die eigentliche ,,Qual des Konfliktes" des Ressentiment *nicht* in der faktisch vorgegebenen positiven Wertperson sieht, der das Ressentimentsubjekt ausgeliefert ist, sondern in der ,,Transparenz" der echten Wertrangverhältnisse (ordo amoris), die durch die Illusionswerte des Ressentiment noch hindurchscheinen [33]. Das unterscheidend hassende Erfassen der fak-

gung, weil ihre Mitperson emotiv herabgewertet ist. Gelingt es, den Trieb durch Gewohnheit oder zunehmendes Alter zu nivellieren, was auch bei Mönchen der Fall sein kann, so schleicht sich hierdurch gewöhnlich eine aus der ursprünglichen Ohnmacht geborene pervertierte Idee der Keuschheit und Scham in das Fluidum des Ressentiment hinein, die mit positiver Liebe, Leibesscham und Keuschheit kaum etwas zu tun haben dürfte. Das Ressentiment der alten Jungfer ist mit dem bekannten Dirnenressentiment insofern verwandt, als es sich in *beiden* Fällen auf Mitweiber bezieht, deren reinweibliche Schönheit und die sie umhüllende echte Scham Ziel der Entwertung ist.

[32] *Vom Umsturz der Werte*, S. 115–148. Hierzu gehört das, was Scheler den ,,Sklavenaufstand in der Moral der neueren Zeit" nennt, z.B. alle Gleichheitsforderungen, die eine ,,Spekulation à baisse" sind, durch die die Höherstehenden sinken und durch ihre Ressentimentmoral unterdrückt werden. Wertethisch liegt diesem Vorgang eine falsche Vorzugsrichtung zwischen Vitalwerten und Nutzwerten zugrunde, die Scheler als ein Grundgebrechen der modernen Zeit ansieht. Siehe dazu *Der Formalismus*, Vorwort zur zweiten Auflage, S. 15.

[33] *Vom Umsturz der Werte*, S. 51; 65ff. und ,,Ordo Amoris" in: *Schriften aus dem Nachlass*, I, 345ff.

tischen Anderen ist also der mitweltlichen Wertskala der Ordnung nach *nachgängig*.

Die Frage, ob das mitweltliche personale Wertsein zum In-der-Welt-sein gehört, in dem die Anderen je schon mit-da-sind, kommt in SZ deswegen nicht auf, weil das besorgend-umsichtige Mitdasein von der Welt her begegnet und gerade auch-da in der „Gleichheit des Seins als umsichtig-besorgendes In-der-Welt-sein" ist [34]. Soll dies aber die Möglichkeit ausschliessen, dass die Transparenz der im ordo amoris angelegten Wertrang ordnung zwischenpersonalen Wertseins, durch die sich das unterscheidende Erfassen Anderer bewegt und die das Ressentiment ermöglicht, nicht auch zur Gleichheit des Seins des In-der-Welt-seins gehört?

§ 14. *Zur Ontologie der Reue*

In der Fürsorge sorgt sich das Dasein um den Ausgleich des mitweltlichen Unterschiedes. Das Dasein ist in der Abständigkeit und deren Modi unterschiedlich. Sucht sich das Dasein mitweltlich auszugleichen, so verhält es sich als Mitsein zu sich selbst wertend, weil das vorgegebene Mitdasein in einem Unterschied zum jemeinigen Dasein begegnet. Darum haben die Modi der Abständigkeit zwei Charaktere: Erstens sind das Ausgleichen, Aufholen und Niederhalten auf die Anderen, die unterschiedlich begegnen, gerichtet. Zweitens sind die Modi der Abständigkeit auf das jemeinige Dasein gerichtet, da durch die Unterschiedlichkeit der Anderen das jemeinige Dasein zu sich selbst im Unterschied ist. Das Dasein ist anders als das Mitdasein, nicht weil das Mitdasein anders als das Dasein ist, sondern weil das Dasein mitweltlich *durch* das Mitdasein (Fremddasein) ist. Jeder ist zunächst der Andere, der vorentschlossen ist, und nicht er selbst [35]. Das Dasein gleicht sich nicht nur aus, weil die Anderen anders sind, sondern es gleicht sich ebenso aus, weil es selbst als Mitsein noch nicht es selbst ist. Deshalb kommt dem Dasein eine inhärente Abständigkeit zu sich selbst zu [36]. Die inhärente Abständigkeit

[34] SZ S. 118.
[35] SZ S. 128f.
[36] Die inhärente Abständigkeit muss dem Dasein auch durch die Gewissensproblematik zukommen, weil das Dasein in eins und zumal „Rufer" und der „Angerufene" ist. Vgl. SZ § 54–60.

zu sich selbst ist der ontologische Ort der Reue, in der der interessenehmende Akt der Du-Sphäre auf das eigene Dasein zurückschlägt.

In SZ kommt die Thematik der Reue nicht auf. Der Schuld wird ein breiter Rahmen zuerteilt. Dies ist befremdend, sind doch Schuld und Reue von jeher in Verbindung gesetzt worden, nicht nur, weil der Mensch schuldig ist, sondern seine Schuld bereuen kann [37].

In diesem Sinne versteht sich der Begriff der Reue von der Moralphilosophie und Theologie her. Die Reue über eine Tat bezeichnet Scheler als Tatreue. Die Tatreue bereut eine vollbrachte Tat, durch die man schuldig ist. Tatreue bereut Tatschuld. Für Heidegger ist die Tatschuld im wesentlichen das „*sich schuldig machen*" und das „*Schuldigwerden an Anderen*" [38]. Er hebt die Tatschuld, die auf das besorgende Mitsein mit Anderen bezogen ist, schroff von dem ⟨schuldig⟩, das aus der Seinsart des Daseins begriffen ist, ab:

„Die formal existentiale Idee des ⟨schuldig⟩ bestimmen wir daher also: Grundsein für ein durch ein Nicht bestimmtes Sein – das heisst *Grundsein einer Nichtigkeit*" [39].

Die Nichtigkeit gehört zur Geworfenheit. Das Dasein ist nicht durch es selbst, sondern an es selbst entlassen. Das Nicht konstituiert sein geworfenes Sein, weil das Dasein nicht der Grund seines Seins, sondern das Sein seines Grundes ist. Das Sein seines Grundes, die Geworfenheit, ist vom Dasein übernommen. Durch die Übernahme ist das Dasein der Grund, den es nicht gelegt hat. Das Dasein ist Grund für ein durch ein Nicht bestimmtes Sein; es ist das Grundsein einer Nichtigkeit; dies heißt in der Sprache von SZ: es ist schuldig.

Heidegger denkt die Schuld ontologisch. Das heisst für ihn, dass die Idee von „schuldig" so weit formalisiert werden muss, dass die „vulgären" Schuldphänomene ausfallen. Zu den sog. vulgären Schuldphänomenen rechnet er den „Bezirk des verrechnenden Besorgens" und den „Bezug auf ein Sollen und Gesetz", durch das ich, wenn ich gegen es verstoße, Schuld auf mich lade. Das Schuldigwerden an Anderen betrachtet Heidegger als

[37] Auf S. 385 von SZ bemerkt Scheler schon wohl deshalb „Reue".
[38] SZ S. 282.
[39] ebenda S. 283.

Resultat des Schuldigseins. Das Schuld*sein* ist ohne Hinsicht auf das Mitsein Anderer begriffen [40].

Jetzt fragt sich aber in unserem Zusammenhang, ob die sog. vulgären Schuldphänomene soweit formalisiert werden können oder sollen, dass selbst das Mitsein mit Anderen, das zur Welt gehört, thematisch ganz ausfällt. Denn die Erschlossenheit des Mitdaseins gehört zum Verständnis Anderer, d.h. dem ursprünglich verstehenden *Mit*sein, das Sein des Daseins ist. Zum verstehenden Mitsein mit Anderen gehört ohne Zweifel das Sollensverstehen, denn dass ich den Anderen nicht verletzen soll, muss zum verstehenden Mitsein gehören, anderenfalls ich nichts sollen ⟨kann⟩. Darüberhinaus ist das Schuldiggewordensein als Verletzung einer sittlichen Forderung überhaupt eine „*Seinsart des Daseins*" [41]. Heidegger geht aber in der Thematik der Schuld nicht darauf ein, wie sittliche Forderungen ontologisch zu klären sind. Er weist jedoch darauf hin, wie wir bereits sahen, dass der Begriff der sittlichen Schuld ontologisch kaum geklärt worden ist. Der Grund, warum Heidegger die sittliche Schuld nicht ontologisch zu klären sucht, muss darin gesucht werden, dass er die Schuld soweit formalisiert wissen will, dass das Mitsein Anderer, das zur Welt gehört, thematisch ausfällt. Inwiefern diese radikale Formalisierung des vulgären Schuldphänomens zu Recht besteht, kann hier nicht entschieden werden. Auf der anderen Seite soll nicht bezweifelt werden, dass diese Formalisierung der Schuld auf das geworfene Da des Daseins in thematischer Absehung vom mitweltlichen Schuldphänomen innerhalb der Frage von SZ zurecht besteht.

Bei der Thematik von Schuld und Gewissen kommt in SZ eine ontologische Grundlegung der sittlichen Seinsweise nicht zum Durchbruch. Dies liegt nicht daran, dass Heidegger diese Frage nicht sieht, bezeichnet er doch selbst das Schuldiggewordensein an Anderen als Seinsart des Daseins. Der Grund dafür besteht vielmehr darin, dass Heidegger die Seinsweise des Daseins, durch die das Dasein angesichts einer sittlichen Forderung – wie immer man sie ontologisch fasse – sich mitweltlich verletzend verhalten kann bzw. sich nicht mitweltlich verhalten soll, nicht in die Thematik des Mitseins aufnimmt. Hätte er das Schuldiggewor-

[40] ebenda.
[41] ebenda S. 282.

densein an Anderen ontologisch erörtert, so hätte die Problematik des Mitseins gewiss einer weit grösseren Ausführung bedurft, als sie ihr in SZ zuerteilt wird. Allein, Heidegger geht es um das Schuldig*sein*, das Grundsein einer Nichtigkeit, dabei wird das Mitsein mit Anderen unthematisch.

Weil Heidegger auf das Schuldiggewordensein im Sinne des Grundseins eines Mangels an Anderen nicht eingeht, findet sich aber auch in SZ ein Satz, der so beschaffen ist, daß er für uns auf Grund des bisher Gesagten wertethisch völlig unhaltbar ist. Er besagt, dass der Mangel eines Gesollten, bzw. das Fehlen von etwas, das sein soll und sein kann, „Nichtvorhandensein" besagt:

> „Mangel als Nichtvorhandensein eines Gesollten ist eine Seinsbestimmung des Vorhandenen. In diesem Sinne kann an der Existenz wesenhaft nichts mangeln, nicht weil sie vollkommen wäre, sondern weil ihr Seinscharakter von aller Vorhandenheit unterschieden bleibt" [42].

Es ist als gesichert anzusehen, dass das Dasein nicht den Charakter der Vorhandenheit hat, und ebenso dass auch eine Person im Sinne Schelers nicht vorhanden ist, da sie ja aktuales Sein ist. Wie soll aber dazu passen, dass der Mangel eines Gesollten Vorhandenheit voraussetzte? Wir fragen deshalb: Ist der Mangel eines Gesollten eine Seinsbestimmung dessen, was vorhanden ist, oder gehört zum Mangel eines Gesollten ein *Seins*mangel, der dem Mitsein zukommt? Das erste ist unbedingt zu verneinen. Sollen und Nichtsollen sind Phänomene des *Mit*seins und beziehen sich auf ⟨die Anderen⟩ (zu denen ich gehöre). Die Anderen, die mit mir die Welt teilen, haben nicht die Seinsart von Vorhandenheit, und eben darum *können* sie verletzt und *sollen* sie nicht verletzt werden. Dieser Satz trifft selbst dann zu, wenn der Mangel eines Gesollten bzw. Nichtgesollten sich in eine Beziehung zu vorhandenen Dingen stellt, wie etwa beim Diebstahl. In diesem Fall kommt der Mangel eines Gesollten demjenigen zu, der vorhandene Dinge stiehlt, ein Mangel, der ⟨ihm⟩ zukommt, und nicht ein „Mangel" vorhandener Dinge, den ich dem Bestohlenen zufüge. Zweitens ist der Mangel, den ich dem Bestohlenen zufüge, eine Verletzung desjenigen, der bestohlen wird, und keine Verletzung vorhandener Dinge. Das, was vorhanden ist, kann überhaupt nicht ⟨verletzt⟩ werden, sondern nur ein Seiendes, dessen Sein Mitsein ist. Der Mangel eines Gesollten

[42] ebenda S. 283.

mag als „Nichtvorhandensein" bezeichnet werden, solange das Nichtvorhandensein nicht zur Seinsart des Vorhandenen gerechnet wird, sondern als das Noch-nicht-sein eines Gesollten begriffen ist. Denn das mitweltliche Sollen richtet sich stets auf das *Nichtsein* eines Gesollten, d.h. es enthält den Hinblick auf das Nichtsein eines *Wertes*, der auf ein mögliches Realsein hin bebetrachtet wird, indem ein Unwert ausgeschlossen, keineswegs aber ein Wert gesetzt wird, der etwa sogar vorhandene Dinge voraussetzte [43]. Gerade dadurch, dass alles Sollen auf das Nichtsein eines Wertes zurückgeht, zeigt sich die ontologische Unganzheit des Personseins, die nicht nur für den Personbegriff, sondern für die Thematik von Person und Dasein überhaupt von Bedeutung ist: Nur ein Seiendes, das ontologisch unganz ist. dürfte zunächst etwas sollen können bzw. sollen können. Deshalb gehört das Sollen und das es voraussetzende Nichtsein eines Wertes, einschliesslich personhafter Selbstwertigkeit, ontologisch zu der Seinsbestimmung des Daseins, durch die es sein Seinsmangel ist, nämlich das Noch-nicht des Daseins, das das Dasein zu sein hat. Dasein ist in der Weise des Noch-nicht. Das heisst: Es ist ontologisch unganz [44]. Die Unganzheit des Daseins ist weder ein Unwert, noch ein Mangel eines Gesollten, durch den das Dasein unvollkommen wäre. Die Unganzheit des Daseins ist der Seinscharakter, durch den es ein Seiendes ist, zu dem, weil es in der Weise des Noch-nicht ist, das Nichtsein eines je höheren Wertseins gehört. Diesen Satz gilt es jetzt zu erklären.

Es ist dies der Ort, auf die Seinsweise der Person als einer solchen einzugehen. Auch Heidegger fragt nach der Seinsart der Person innerhalb der Abgrenzung der Daseinsanalytik von der Anthropologie [45]:

[43] *Der Formalismus*, IV. Man unterscheide hier zwischen dem obigen „Nichtsein" eines positiven Wertes bzw. Gesollten und dem formalen Gesetz der Wertethik, nach dem die „Nicht-existenz" eines positiven Wertes selbst ein negativer Wert ist (ebenda S. 48; 102). Wäre das „Nichtsein" eines positiven Wertes selbst ein negativer Wert, analog dem formalen Gesetz, so könnte es nicht „gesollt" werden. Aus diesem Grunde scheidet Scheler zwischen Nichtexistenz (z.B. auf vorhandene Werte bezogen) und dem Nichtsein eines Wertes und Gesollten, das zum Umkreis des Wertmöglichseins der Person gehört, das der Spielraum der fünf Wertpersontypen darstellt, innerhalb dessen die faktischen Personwertypen samt ihren Überschneidungen existieren. Siehe hierüber den folgenden Paragraphen 15.

[44] SZ § 48.

[45] ebenda § 10.

„Person ist jedenfalls als Vollzieher intentionaler Akte gegeben, die durch die Einheit eines Sinnes verbunden sind. Psychisches Sein hat also mit Personsein nichts zu tun. Akte werden vollzogen, Person ist Aktvollzieher. Aber welches ist der ontologische Sinn von ⟨vollziehen⟩, wie ist positiv ontologisch die Seinsart der Person zu bestimmen" [46]?

Um der Seinsweise der Person näher zu kommen, wenden wir uns dem zu, was Scheler „Seinsreue" nennt [47]. Wir gehen aus zwei Gründen so vor, einmal deswegen, weil sich die Seinsweise der Person in der Seinsreue vorzüglich ausweist, zum anderen, weil wir die Randbemerkung Schelers auf den Seiten 139 und 385 von SZ beleuchten wollen.

Die Seinsreue ist von der Tatreue dadurch unterschieden, dass in ihr nicht eine verschuldete Tat, sondern das ⟨sein⟩ der Person bereut wird. Nicht die Formel: „Ach, was habe ich getan" eignet der Seinsreue, sondern ein: „Wie konnte ich auch nur so *sein*", bzw. ein „Wie *bin* ich doch jetzt" (im Hinblick auf ein Besserseinkönnen). Damit ist gesagt, dass in der Seinsreue der verschuldeten Tat der Tatreue eine „Stufe" unseres Uns-selbst-Erlebens entspricht. Wir befinden uns notwendig nie auf einer solchen Stufe, denn wir „hätten" auch damals anders ⟨sein⟩ können, und „könnten" auch jetzt anders ⟨sein⟩. Solche Stufen personalen ⟨seins⟩ sind schon deshalb nicht mit dem Sein der Person zu verwechseln, weil nur je eine bestimmte Stufe des Uns-selbst-Erlebens bereut werden kann, nicht aber die Person selbst. Scheler drückt diesen Sachverhalt auch so aus: Die Person ist „auf" solchen Stufen, die der Seinsreue fähig sind. Sie bereut mithin niemals ihr Sein, sondern das ⟨sein⟩ ihres Seins:

„Ein Reueakt über unser personhaftes Sein überhaupt, ich meine über seine Wesensartung, ist eine innere Unmöglichkeit" [48].

Es fragt sich jetzt, *wonach* das ⟨sein⟩ der Person bereut wird.

[46] SZ S. 48. Wollte man die Heideggersche Frage wertethisch beantworten, so heisst die Antwort: Person ist *selbstwertiger* Aktvollzieher; Personsein ist selbstwertiges *Mitvollzugssein*. Die Identität eines Vollzugsseins (Person) ist nicht Substanz, die hinter dem der Zeit noch transzendenten puren Anderswerden läge. Bestenfalls ist die Identität eines Vollzugsseins mit Per-stanz zu bezeichnen, d.h. das „verborgenste aller Phänomene": die „qualitative Richtung des puren Anderswerdens selbst", *Der Formalismus*, S. 396, 382ff, 487, 540ff; *Philosophische Weltanschauung*, a.a.O., S. 14, 34 Fussnote 19.

[47] Dem folgenden liegt Schelers Abhandlung „Reue und Wiedergeburt" zugrunde, in: *Vom Ewigen im Menschen*, S. 27–59.

[48] ebenda, S. 40 f.

In der Beantwortung dieser Frage schliessen wir in Übereinstimmung mit der materialen Wertethik aus, dass das Wonach sich auf eine vorgegebene Norm oder Pflicht bezöge. Denn Normen und Pflichten setzen die sittliche Selbstwertigkeit der Person voraus, die sie setzen. Das heisst: Sie gründen nicht nur in den materialen Modalitäten der Werte, sondern ebenso wie diese in der Wertperson. Ebenfalls schliessen wir aus, dass das Wonach sich in einem bewussten Vergleichsakte zwischen meinem jetzigen personhaften ⟨sein⟩ und dem zu bereuenden ⟨sein⟩ der Vergangenheit, dem ich nachtrauere, konstituiert. Denn ein bewusster Vergleichsakt kann zwar zu dem Urteil führen, dass ich damals „so war" und jetzt „anders bin", nicht aber vermag der Vergleichsakt die Wedergeburt aus der Seinsreue zu leisten, wonach die Stufe meines damaligen oder jetzigen minder-wertigen personhaften ⟨seins⟩ „ausgelöscht" wird zugunsten der Wiedergeburt meines ent-reuten ⟨seins⟩. Mit anderen Worten: Es vermag ein theoretischer Vergleichsakt nicht im geringsten die *Regenerationskraft* der Seinsreue über das Personsein herbeizuführen, die darin besteht, dass der Bauplan eines „neuen Herzens" als Ziel- und Ausgangspunkt früher ist als der Reueakt selbst [49], analog zum biologischen Prozess eines sich zerlegenden Tieres, dessen Tod und Wiedergeburt in einem Prozess zusammenlaufen. Nicht also daß „etwas" bereut wird, sondern dass ⟨es⟩ reut ist der Seinsreue eigen. Dies schliesst aus, dass eine Norm, eine Pflicht oder ein bewusst vollzogener Vergleichsakt die echte Seinsreue einleiten. Dem ⟨es⟩ kommt mithin ontologische Bedeutung zu, und es ist keineswegs von vorhandenen Dingwerten abzuleiten, die die Dingwirklichkeit voraussetzen, und auch nicht von einer Norm oder einem Imperativ, dem ich Folge leisten soll. ⟨Es⟩ kann nur reuen, wenn das Seiende, das bereut, durch inhärente Abständigkeit zu seinem ⟨sein⟩ unterschiedlich *sein* kann. Man könnte hier der Auffassung sein, dass dieses Auf-sich-zu-sein wiederum das ⟨sein⟩ einer bestimmten Stufe voraussetzte, von der her die Reue ihren Ausgangspunkt nähme. Es zeigt sich jedoch gerade bei der Seinsreue, dass eine solche Ausgangsstufe wiederum eine je höhere in ihrem Nichtsein voraussetzt, *aus der heraus* ⟨es⟩ reut. Keine Reue hat ihren Ausgangspunkt in einem Jetzt-sein einer Stufe des Personseins, sondern im relativen Nichtsein höheren

[49] ebenda.

Wertseins, das zu jeder endlichen Stufe gehört und dessen Spitze das relative Nichtsein höchstmöglichen Personseins sein muss. Scheler sagt daher:

> „Wenn es nichts anderes in der Welt gäbe, woraus wir die Idee Gottes schöpfen: die Reue allein könnte uns auf Gottes Dasein aufmerksam machen" [50].

Sage ich: „Wie kann ich auch nur jetzt so sein" (im Hinblick auf Besserseinkönnen), so schliesst dies einen Wertverhalt *ein*, niemals aber setzt dieses Jetzt-so-sein vorhandene Werte voraus. Ebenso „haftet" nicht ein Wert an diesem Jetzt-so-sein, sondern dieses ⟨sein⟩ hat die personale Seinsart des jemeinigen Selbstwertseins. Erst daher kann die Person ihr ⟨sein⟩ bereuen, ohne dass sie sich überhaupt einer Norm oder einem Gesetz bewusst sein müsste. Der Seinsreue ist deshalb auch ein Angerufensein eigen, das zum personalen Wertsein gehört. Das Angerufensein kommt aus dem Umkreis höheren personalen Selbstwertseins, weil ⟨es⟩ *nach* einem höheren Wertsein reut, das eben einer bestimmten Stufe des Personseins *nicht* zukommt. Darum kann gesagt werden, dass *jede* endliche Stufe des Personseins durch die im ordo amoris verankerte Vorzugsordnung personalen Wertseins auf die Reue durch das relative Nichtsein höheren Wertpersonseins, sei es auch noch so heimlich und leise, harrt, gleichgültig ob die faktische Person den Reueakt praktisch vollzieht oder nicht. Was heisst aber ontologisch Angerufensein aus dem Nichtsein personaler Höchstwertigkeit? Diese Frage führt uns zu einem Angelpunkt der Metaphysik Max Schelers [51].

Scheler kennt das Nichts als ein ontologisches Problem, eine Tatsache, der die Schelerliteratur bislang nur weinig, wenn überhaupt, Rechnung getragen hat. Durch die Vergegenständlichung von Welt und Selbst und durch das Gottesbewusstsein (Absolutsphäre) ist die Person weder ein „Teil" der Welt, noch ist sie von Welt „umschlossen". Das aktuale Sein der Person ist allen Formen des Seins (als Gegenstand) überlegen. Durch die Vergegenständlichung, die die erste philosophische Evidenz der Metaphysik Schelers einschließt - daß überhaupt Welt ist und nicht vielmehr nicht ist bzw. dass der Mensch ist, und nicht vielmehr

[50] ebenda S. 55.
[51] Über den Ruf bei Scheler vgl. *Der Formalismus* S. 428, 495.

nicht ist [52], - ist die Stellung des aktualen Seins der Person im Kosmos *Heraus*-stellung, durch die sich die Person nicht fragt, sondern sich fragen *muss*: „Wo stehe ich denn selbst" [53]. *Zum Sein der Person gehört die notwendige Fragwürdigkeit der Frage ihres Standortes als Heraus-stellung, durch die sie* „erschauernd" *sich in das Nichts umwendet* [54]. Die Frage, „Wo stehe ich denn selbst" ist also keine im geläufigen Sinne des Wortes „philosophische Frage", sondern sie ist durch die Heraus-stellung in das Nichts ein Gefragtsein. In der ontologischen „Stellung des Menschen im Kosmos", d.h. in der durch Vergegenständlichung von Welt und Selbst ontologischen Heraus-stellung und der damit verbundenen notwendigen Umwendung in das Nichts liegt das Gefragtsein der ⟨Stellung⟩ beschlossen. Die Frage: „Wo stehe ich denn selbst?" gehört also zu den Fragen, die „bereits in unserer *metaphysischen Situation* im Weltall liegen – die diese an uns stellt". Nicht wir stellen diese Frage an unsere Situation:

> „Ihre Unzurückstellbarkeit und ihre Undahinstellbarkeit gehört zum Wesen dieser ⟨Fragen⟩, und nur im Masse, als sich jeder ⟨eingesteht⟩, wie er und dass er sie ⟨löse⟩ – sie in seinem Erleben ⟨löse⟩, und in dem Masse, als er auch seine eigene Lösung glaubt, ihr gemäss oder z.B. fremden Einflüsterungen gemäss urteilt und seine Urteile aussagt, gibt es einen Unterschied" [55].

Die ekstatische Heraus-stellung des Personseins ist nicht Teil der Welt, obschon „Welt" das Korrelat des Personseins ist und zu jeder möglichen Welt Person gehört [56]. Im Wesensbezug

[52] *Die Stellung des Menschen im Kosmos*, München, 1949, S. 86. Über philosophische Evidenz siehe *Vom Ewigen im Menschen*, S. 92ff.

[53] *Die Stellung des Menschen im Kosmos*, a.a.O. S. 86.

[54] Dass das Sein der Person dem Leben gleichviel überlegen ist, braucht nicht erst durch ihre psychophysische Indifferenz betont zu werden (Vgl. *Der Formalismus*, Sachregister unter „Person" I). Deshalb kann der Ontologie des Personseins ebenso wenig wie der des Daseins, keine Ontologie des Lebens vorgelagert werden. Das Sein der Person ist überdies bei Scheler als „überbewusstes Sein" verstanden (Vgl. *Der Formalismus* S. 402f.; *Schriften aus dem Nachlass*, I, S. 151). Es ist auch nicht nur „überräumliches", sondern ebenso „überzeitliches Sein" (Siehe *Die Stellung des Menschen im Kosmos*, a.a.O., S. 80; *Schriften aus dem Nachlass*, I, S. 297), weil ein Akt des Aktzentrums „Person" sich „punktuell" ohne Zeitstrecke vollzieht. In „Idealismus-Realismus", a.a.O. S. 317 verweist Scheler auf den unveröffentlichten Teil fünf, in dem er eine absolute Zeit in Auseinandersetzung mit Heidegger annimmt, die nicht relativ auf ein *bestimmtes* Wesen wäre. Ob und wie dies mit der Überzeitlichkeit des Personseins zusammenhängt, ist aus dem veröffentlichten Schrifttum Max Schelers nicht ersichtlich. Auch findet sich in Schelers Marginalien in SZ dafür kein Anhaltspunkt.

[55] *Schriften aus dem Nachlass*, I, S. 62.

[56] *Der Formalismus*, VI, A, 3c.

Person-Welt bzw. Welt-Person liegt der erste Evidenzsatz der Metaphysik Schelers beschlossen, nämlich „*dass überhaupt Etwas ist und nicht lieber Nichts*", und „*dass wir selber nicht nicht sind*" [57]. Die Evidenz, dass nicht Nichts ist, ist die „ewig erstaunliche *Zudeckung des Abgrundes des absoluten Nichts*". Das bedeutet, dass die Person offen in Bezug auf Welt ist: Sie ist „*weltoffen*" [58].

Die hier nur kurz umrissene Stellung der Person als Herausstellung lässt uns jetzt verstehen, was mit dem Nichtsein personaler Mehr- oder Höchstwertigkeit bei Scheler gemeint ist. Das Nichtsein personaler Mehrwertigkeit ist gemäß dem vorangehenden Ausführungen ein *relatives* Nichtsein, nicht aber ein absolutes Nichtsein [59], da durch das aktuale nicht Nichtsein der Person das absolute Nichts zugedeckt ist, obwohl es sich denkend ins Bewußtsein heben läßt. Das relative Nichts ist ein Nicht-etwas, in Bezug auf welches etwas nicht ist:

> „So sehe ich, dass ⟨nichts auf dem Tische steht⟩, d.h. ich erlebe den Widerstreit des *gemeinten* Sachverhaltes, in dessen Gehalt an bestimmter Stelle noch Gläser oder, was sonst auf einen Tisch gehört, enthalten sind, zum *bestehenden* Sachverhalt, der mir an dem Zielpunkt der Intention des gemeinten Sachverhaltes eine anschauliche Leerstelle (umgrenzt durch diese Intention) aufweist. So – nur auf die emotionale und Wert-Sphäre übertragen – erlebe ich, dass ⟨es mit diesem Menschen ja nichts ist⟩, oder dass dies ⟨eine ganz nichtige Angelegenheit ist⟩ usw." [60].

Zur Reue der Person über ihr damaliges oder jetztiges ⟨sein⟩ gehört das relative Nichtsein dessen, wonach sie ihr ⟨sein⟩ bereut, bzw. in Bezug auf welches das betreffende ⟨sein⟩ un-wertig ist. Durch die Evidenz, dass wir als Person selber nicht nicht sind, gehört die Heraus-stellung in dasjenige relative Nichtsein, durch das sie die Stufen ihres ⟨seins⟩ als Stufen ihrer Selbstwertigkeit erblickt. Es gilt also vor allem der Satz, dass das personalwertige Angerufensein aus dem *Nichtsein* personhafter positiver Wertigkeit kommt und nicht aus den Stufen der Person, die bereut werden. In der Seinsreue steht das bereute ⟨sein⟩ in einem Unter-

[57] *Vom Ewigen im Menschen*, S. 96.

[58] ebenda S. 95. *Die Stellung des Menschen im Kosmos*, a.a.O. S. 39. Über die hierzu gehörende Grundaktart der Philosophie der den Griechen und Heidegger durch die Hervorhebung des θαυμάζειν völlig entgangenen ⟨Demut⟩, vgl. *Vom Umstrurz der Werte*, S. 18, und *Vom Ewigen im Menschen* S. 87f. Die „Zudeckung des Abgrundes des absoluten Nichts" erscheint uns als eine reversible Bestimmung des *Da*-seins der Person.

[59] Scheler unterscheidet das absolute, relative und logische Nichts. *Schriften aus dem Nachlass*, I, S. 204f.

[60] ebenda.

schied zu einem erschlossenen relativen Nichtsein möglichen Personseins, das zum Umkreis ihrer Wertseinsmöglichkeiten gehört und nicht etwa denkerisch vergegenständlicht wird oder in der Weise einer Norm unterliegt, dass sich die Reue erst nach einer Norm richtet. Schon gar nicht ist das bereute ⟨sein⟩, das in der Wiedergeburt der Person ausgelöscht wird, durch einen Wert anzugreifen, der vorhandene Dinge voraussetzt. Denn nicht Dingwerte und Wertdinge, sondern das personale Wert-sein ist der Ort der Reue.

In keinem anderen Akt offenbart sich die allem Wollen und theoretischem Verhalten prä-logische Soll*seins*forderung [61] der im ordo amoris verankerten personalen Vor-bilder und deren selbstgesetzliche Rangordnung mehr als in der Seinsreue der Person über ihr ⟨sein⟩, in der sie ihr tränenvoll gebeugtes Antlitz mit Händen zudeckt und der gänzlichen Verzweiflung nahe ihrem „Wie konnte ich auch nur so sein" überlassen ist. Gerade dann, wenn ⟨es⟩ in der stillen Selbstüberlassenheit an dieses ⟨sein⟩ reut, weist sich das *Selbst*wertsein in seiner Stufenordnung durch die auto-emotive Vorzugsordnung des ordo amoris aus. Ja, der bereute Un-selbstwert vermag so tief zu liegen, dass die endliche Person sogar ihre Würdigkeit auf Wiedergeburt selbst auszulöschen sucht, weil der Reueschmerz des Un-selbstwertes die *ganze* Person erfüllt. Dieser extreme „Fall" eines Reuetodes ist in der Geschichte sehr selten. Er dürfte, um ein Beispiel zu nennen, in der Seinsreue des Judas vorliegen. Auch bestimmte Fälle von Kindermord, den eine in Zorn geratene Mutter vollbringt, gehören dazu.

In der Seinsreue, in der die Person ihrem ⟨sein⟩ überlassen ist, ist die *Sorge* um die personale *Selbst*wertverwirklichung beschlossen, um die es der Person geht. Eben durch die völlige Abgetrenntheit des Selbstwertseins der Person von vorhandenen Dingen ist der Wert der Person der Wert der Werte. Wertsein der Wertperson ist *Selbst*wertsein, und offenbar *kein* vorhandener Wert. Als Wert der Werte, d.h. wertethisch als Selbstwert, ist die Person der Ort aller Werte. Das *Sein* der *Wert*person ist also streng zu scheiden von materialen Personwerten [62].

[61] Über „Soll*seins*forderung" vgl. *Der Formalismus* S. 578. „Das Vorbildsbewusstsein ist durchaus prä-logisches und vor der Erfahrung auch nur möglicher Wahl*sphären* liegendes Bewusstsein", ebenda S. 579.

[62] Zur Person als „Wert der Werte", siehe *Der Formalismus*, S. 507f. Dass Scheler

Dass eine jede Werttheorie eine Metaphysik der Sitten, d.h. Ontologie des Daseins zur Voraussetzung hat, wie Heidegger sagt [63], besteht im Sinne der Heraus-stellung der Person als des Ortes der Werte und des relativen Nichtseins positiven Wertseins, völlig zu Recht. Gerade durch das relative Nichtsein maximalen Wertpersonseins, ohne das das ⟨es reut⟩ nicht ontologisch freigelegt werden kann, bewahrheitet sich auch für die Ontologie der Wertperson der Sinn des Heideggerschen Satzes, nach dem es dem Dasein um *sein Sein* geht. Die Seinsreue gründet in der Sorge um *Selbst*wertverwirklichung, und zwar ungeachtet dessen, wie sehr das alltägliche Dasein die maximale Selbstwertigkeit übersieht, sich vor ihr in die Durchschnittlichkeit der Seinsweise des Man zurückzieht oder sie nicht wahrhaben will. Der Selbstwert der Person ist ein Faktum des Mitseins und daher ein Konstituens des In-der-Welt-seins, *durch das* das Dasein allen mitdaseinsmässigen Unterschied ausgleicht, aufholt und niederhält. Das Phänomen der Reue, an das Scheler mehrmals beim Lesen von SZ dachte, erlaubt uns jetzt, das Personsein unter Berücksichtigung von Heideggers SZ und Schelers *Formalismus* zu bestimmen: Personsein ist Sorge um Selbstwert. Ist mit dem Wort „Wertverwirklichung" in Heideggers Satz

> „Das Dasein gilt als Seiendes, das zu besorgen ist, welches Besorgen den Sinn der ⟨Wertverwirklichung⟩ bzw. Normerfüllung hat" [64].

*Selbst*wertverwirklichung gemeint, so sagt er genau dasselbe, und alle Wertverwirklichung im Bereiche der Vorhandenheit, alle Norm- und Pflichterfüllung einschliesslich der Kantischen Gerichtshofvorstellung bezüglich des Gewissens folgt aus diesem Satz.

Es wurde oben gesagt, dass das bereute ⟨sein⟩ der Person in einem Unterschied zum bereits erschlossenen relativen Nichtsein

sich im Vorwort zum *Formalismus* über die mangelnde Folgeordnung seines Werkes entschuldigt, dürfte durch das oben Gesagte verständlich werden. Müsste doch zuerst das Wesen der Person phänomenologisch, bzw. ontologisch der Ort der Werte geklärt werden, bevor die materialen Werte Gegenstand seines Werkes werden. Der Teil II, Absatz VI ist deshalb die Grundlage der Wertethik. Dafür spricht auch die äussere Tatsache, dass Scheler die Personthematik zur gleichen Zeit wie die materialen Werte bearbeitete. Siehe hierzu das „Nachwort der Herausgeberin" des *Formalismus* und die „Bemerkungen zu den Manuskripten" in *Schriften aus dem Nachlass*, I, unter „Vorbilder und Führer".

[63] SZ S. 293.

[64] ebenda.

positiven Wertpersonseins steht. Den Ausdruck „erschlossen" hatten wir dabei der Heideggerschen Terminologie entnommen. Jetzt gilt es zu zeigen, in welchem Sinne denn das relative Nichtsein positiven Wertseins der Person als erschlossen anzusehen ist. Die voraufgegangene Besprechung der Seinsreue der Person war notwendig, um Schelers Randbemerkung „S. Reue" auf Seite 385 von SZ durch das, was nun folgen wird, verständlicher zu machen. Die Bemerkung „S. Reue" befindet sich im Paragraphen 74 von SZ, der den Titel trägt: *Die Grundverfassung der Geschichtlichkeit*; hier sagt Heidegger:

> „Schicksal als die ohnmächtige, den Widrigkeiten sich bereitstellende Übermacht des verschwiegenen, angstbereiten Sichentwerfens auf das eigene Schuldigsein verlangt als ontologische Bedingung seiner Möglichkeit die Seinsverfassung der Sorge, das heisst die Zeitlichkeit. Nur wenn im Sein eines Seienden Tod, Schuld, Gewissen, Freiheit und Endlichkeit dergestalt gleichursprünglich zusammenwohnen wie in der Sorge, kann es im Modus des Schicksals existieren, das heisst im Grunde seiner Existenz geschichtlich sein" [65].

Das Dasein existiert im Modus des Schicksals durch die Gleichursprünglichkeit von Tod, Gewissen, Freiheit und Endlichkeit in der Sorge. Scheler fügt die „Reue" hinzu. Nach der bisherigen Erörterung ist diese Anmerkung nicht als Tatreue, sondern als Seinsreue zu begreifen. Scheler sieht die Seinsreue in geschichtlichem Zusammenhang [66]. Da wir bereits zum Sein des Daseins in der Problematik des Personseins, d.h. zur Sorge vorgestossen sind, müssen wir uns jetzt der Wege bewusst werden, die die weitere Untersuchung einschlagen kann. Gesetzt, dass die Seinsreue zu Recht als ein Charakter der Fürsorge, d.h. der Sorge um Selbstwertsein erkannt wurde, müsste sich, da die Person reut und reuen kann, von hier aus das Phänomen der Reue als zur geschichtlichen Existenz gehörig fassen lassen, d.h. als gehörig zu den Heideggerschen Begriffen des Schicksals und des Geschicks. Ferner

[65] ebenda S. 385.

[66] Folgerichtig weist Scheler darauf hin, dass die Reue nicht nur zur eigenen Person, sondern ebenso zur Gesamtperson gehört (*Schriften aus dem Nachlass*, I, S. 229). Die Gesamtreue, z.B. die eines Volkes ist ein sehr schwer zu fassendes Phänomen, da sie sich rasch in die Alltäglichkeit zu verflüchtigen scheint. Gegenüber den etwas fragwürdigen Beispielen Schelers kann man an den unerwarteten Mord eines geliebten Staatsmannes denken oder auch an den Mord einer heiligen Person. Der Gesamtreue scheint ein „Wie kann man auch nur so sein" innezuwohnen, das die ganze Gesamtperson oder Gruppe erlebt. Wegen dieser zwischenpersonalen Erstreckung der Gesamtreue ist sie nicht lokalisierbar und kommt deswegen dem Begriff der tragischen Schuld bei Scheler nahe (Siehe *Vom Umsturz der Werte*, S. 161ff.).

bietet sich der Weg an, die Reue durch den Schelerschen Schicksalsbegriff und den „Sinn" der Geschichte bei Scheler zu fassen.

Wir entscheiden uns für den zweiten Weg, weil er dem Rahmen unserer Untersuchung gemäss ist, da er auch Denkwürdiges für den ersten streng ontologischen Weg, der eine geschlossene Abhandlung für sich in Anspruch nehmen könnte, enthält.

§ 15. *Reue und ideales Wertpersonsein*

In den bisherigen Ausführungen über die Seinsreue ist die Tatsache wesentlich, dass ⟨es⟩ durch einen Selbstwertverhalt im personalen Wertsein reut. Dem Wertverhalt personalen Seins wohnt eine Rangordnung (nach oben und unten) inne, die die sittliche Einsicht sowohl in das Besserseinkönnen und den damit verbundenen Gesinnungswandel als auch in die Nachsetzungsevidenz einer unteren Stufe des personalen Unwertseins ermöglicht. Das relative Nichtsein personalen Besserseinkönnens und personaler Mehr- und Höchstwertigkeit gehört zum Umkreis von Wertpersonmöglichkeiten. Das negative „wertsein" erschliesst sich in der Seinsreue durch die zwischen den Werträngen liegende Vorzugsordnung und Vorzugsevidenz. Das Selbstwertsein der Person und alle Werte haben eine Rangordnung unter sich. Die Rangordnung liegt im Wesen der Werte und ist im Akt des Vorziehens evident. Das Vorziehen und Nachsetzen von personalem ⟨sein⟩ (z.B. in der Reue) und von Werten geht allem Streben, Wollen, Denken, Wählen, allem empirischen Vorziehen durch das Wesen des personalen Wertseins, dem ordo amoris, voraus [67]. Bezüglich der Seinsreue kommt dem negativen „wertsein", das bereut wird, eine bestimmte Stufe in der Rangordnung personalen Wertseins zu, die durch das relative Nichtsein höheren oder maximalen Wertpersonseinkönnens konstituiert ist. Hinsichtlich des Nichtseins personalen Wertseins (wonach ⟨es⟩ reut), sagten wir, dass es ausschliesslich zum Umkreis möglichen Wertpersonseins gehöre, nicht aber zu den zu realisierenden, materialen Personwerten der Modalitäten, und schon gar nicht zu den Dingwerten. Auch deshalb gehören die Werte ⟨gut⟩ und ⟨böse⟩ nicht zu den Modalitäten, sondern „reiten" in der Vorzugsevidenz beim

[67] Das hier Gesagte stützt sich auf den *Formalismus*, Teil I, S. 29–131 und die Abhandlung „Ordo Amoris" in: *Schriften aus dem Nachlass*, S. 345–374.

Realisierungsakt auf ihrem „Rücken". Das relative Nichtsein höheren Wertpersonseins lässt an die Person eine Soll*seins*forderung ergehen, die die Person nicht setzt, wählt oder wollend erdenkt, sondern die das Personsein seinsmässig, genauer wertseinsmässig, anzieht. Die Art dieser aus dem relativen Nichtsein personalen Wertseins kommenden Soll*seins*forderung hat keinen normativen Sinn eines Gesetztseins, sondern den Charakter eines Zuges, der die Person anzieht. Der „Zug" aus dem relativen Nichtsein maximalen Wertpersonsseins zeigt sich in der Geschichte durch die Wirksamkeit der Arten personalen Vor-bild-seins, den Vor-bildern.

Das Wort Vorbild hat zunächst empirische Bedeutung. Die Eltern z.B. (als noch nicht nach Vater und Mutter hin differenziertes Quellbild) sind Vorbild für das Kind, der Lehrer ist Vorbild für das Schulkind, das ihn nachahmt; der Fürst ist Vorbild für ein Volksglied; der Held ist Vorbild für das Glied einer Nation; der Kirchenheilige ist Vorbild für das Kirchenglied; der Modetyp ist Vorbild für den geselligen Menschen; der Feldherr ist Vorbild für seine Soldaten; der Präsident ist Vorbild für den Staatsbürger usw. Es gibt bei den empirischen Vorbildern, die nicht notwendig immer in einer konkreten Person vorkommen, sondern auch z.B. von einer Gruppe gesucht werden können, wiederum eine ganze Menge von Abarten, auf die hier nicht einzugehen ist. So gibt es z.B. die gewählten Vorbilder, die nachgeahmten Vorbilder, die ideologisch künstlich kultivierten Vorbilder, die zurechtgemachten Vorbilder usw.. Die genetisch frühesten Vorbilder eines Individuums oder eines Verbandes sind, obwohl heimlicher in ihrer Wirksamkeit, die wirksamsten [68].

Der zweite Sinn von Vorbild, um den es uns hier geht, ist der der personalen Einheit einer konstanten, unableitbaren Wertgegend, innerhalb derer das empirische Vorbild (das „Exemplar") in die Geschichte eintritt. Scheler nennt dieses Vorbild „ontisch" und beschreibt es wie folgt:

„Was also ist dann ontisch das Vorbild? Ich darf jetzt sagen: Das Vorbild ist seinem Gehalt nach ein strukturierter Wertverhalt in der Einheitsform der Personeinheit, eine strukturierte Sowertigkeit in Personform,

[68] *Der Formalismus*, VI, B, ad 6. Zu den empirischen Vorbildern gehört auch die noch nicht behandelte „Soziologie der Berufe", über die sich im Nachlass Schelers einiges gefunden hat.

der Vorbildhaftigkeit des Gehalts nach aber die Einheit einer Soll*seins*-forderung, die auf diesen Gehalt fundiert ist. Wie aber ist seine Gegebenheitsweise als Vorbild und die Gegebenheitsweise seines Gehaltes im Vorbildsein? Was das erste betrifft, so ist von grösster Bedeutung, dass diese Sollseinsforderung nicht als ein ⟨ich bin verpflichtet zu folgen⟩, sondern als ein ⟨es verpflichtet mich zu folgen⟩ erlebt ist; wir können auch sagen: als ein machtvoller Zug, der von der Einzel- oder Gesamtperson ausgeht, an dem der Vorbildgehalt exemplarisch in die Erscheinung tritt, oder je nachdem als sanfter Zug und ⟨Lockung⟩ – auf alle Fälle aber als *Zug*, der im Vorbild seinen Sitz hat. Vorbilder ziehen die Person, die sie hat, zu sich hinan; man bewegt sich ihnen *nicht* aktiv entgegegen; das Verbild *wird* ziel-*bestimmend*, nicht aber wird es als Ziel erstrebt oder gar als Zweck gesetzt" [69].

Das empirische Exemplar ist stets insofern endlich, als es den Spielraum einer konstanten Wertgegend durch sein ihm eigentümliches Exemplarsein nur ausfüllt, nicht aber das Vorbild und den Grundwert der Wertgegend selbst darstellt. Anders ausgedrückt: Die Möglichkeit des personalen Exemplarität liegt in der *Art* der Wertgegend, durch die etwas Exemplar sein kann. Caesar und Napoleon sind z.B. als Feldherrn Exemplare der Wertgegend des Heldischen. Als solche empirischen Exemplare sind sie endlich, d.h. unfertig, da sie dem historischen Wechsel unterliegen. Ihr endliches Exemplarsein ist geschichtlich immer sinnerlösbar. Der Caesar Roms ist nicht der Caesar des Mittelalters. Der Napoleon von 1812 ist nicht der Napoleon des heutigen Russlands, obwohl in beiden Fällen ein Feldherr als Exemplar fungiert [70].

Alle empirischen Vorbilder, ihre Taten sowie alle geschichtliche Vergangenheit sind sinnerlösbar [71]. Denn bis zum Tod ist die geschichtliche Vergangenheit nur durch *ein* Problem bestimmt: „*was wir damit anfangen sollen*". Durch den geschichtlichen Standort des Beobachters, der durch sein Wertvorzugssystem (das „Ethos" Schelers) selbst in seinem Standort noch geleitet ist,

[69] ebenda S. 579f. „Ontisch" hat hier nicht den Heideggerschen Sinn gegenüber „ontologisch". Eher hat es den Sinn von „ontologisch", da nicht ein Seiendes beschrieben wird. Scheler scheint überhaupt, soweit ich sehe, keinen regelmässigen Unterschied zu machen zwischen den beiden Termini. Dass er beim Lesen von SZ den Heideggerschen Unterschied zwischen ihnen als richtig ansah, erklärt sich durch das Sphärenproblem, in: „Idealismus – Realismus", a.a.O. S. 272.

[70] Der Typ des Feldherrn ist neben dem des Staatsmannes und des Kolonisators ein Haupttyp der idealen Wertperson des Helden. *Schriften aus dem Nachlass*, I, S. 314.

[71] Siehe zur Sinnerlösbarkeit der Geschichte Die *Wissensformen und die Gesellschaft* S. 150–153; *Vom Ewigen im Menschen*, S. 34f; *Schriften aus dem Nachlass* S. 194, Fussnote 3; und ebenda S. 228f.

ist die geschichtliche Vergangenheit überhaupt wesensrelativ [72]. Erst der Gesamttod der Weltgeschichte macht alle historischen Tatsachen erlösbar, d.h. zu „fertigem Sein".

Durch des unfertige Exemplarsein ist das Vorbildsexemplar nicht identisch mit dem personalen Grundwert der Wertgegend, durch die es faktisch in die Geschichte eintritt. Der Grundwert der personalen Einheit, des Vor-bildes, nach dessen Massgabe das empirische Vorbild bereits durch die *Art* seiner Wertgegend, innerhalb deren es sich darstellt, eingekreist ist, ist demnach kein Tatbestand der Geschichte, sondern das schon erschlossene, relative Nichtsein endlichen Wertpersonseinkönnens. Weil das Vorbild kein geschichtlicher Tatbestand ist, ist es selbst, entgegen allen Tatbeständen der Geschichte, *nicht* sinnerlösbar. In *diesem* Sinne nennt Scheler die Grundwerte, um die es sich hier handelt, d.h. die Luxuswerte (Werte des Angenehmen), die Zivilisationswerte (Nutzwerte), die Vitalwerte (die Werte des Edeln), die Kulturwerte (die Werte der Wahrheitserkenntnis, des Schönen und des Rechtseins) und die Heiligkeitswerte den „Polarstern" des Menschen [73] und bezeichnet die personalen Einheiten, die idealen Wertpersontypen (d.h. den Künstler des Genusses, den führenden Geist der Zivilisation, den Helden, den Genius und den Heiligen) als ideal personale Einheiten der Wertränge, als den eigentlichen Sinn der Geschichte:

> „Wenn die Seele aller Geschichte nicht ist das wirkliche Geschehen, sondern die Geschichte der Ideale, Wertsysteme, Normen, Ethosformen, an denen Menschen sich und ihr praktisches Wirken messen – so, dass uns auch erst diese Seele der Geschichte die wirkliche Geschichte voll verstehen lehrt –, so ist die *Geschichte der Vorbilder*, ihr Ursprung und ihre Umbildung, wieder der eigentliche *Kern dieser Seele der Geschichte*. Ich behaupte also, dass die Wertsysteme, ferner erst recht die von ihnen abhängigen Normen- und Gesetzessysteme, denen der Mensch gehorsam oder ungehorsam ist, in letzter Linie immer wieder auf die je herrschenden *personalen Vorbilder*, auf Wertgestalten in der Form der Person zurückzuführen sind. Wir wählen sie nicht – denn s i e b e s i t z e n u n s (v. Verf. gesperrt) und ziehen uns an, ehe wir wählen können (Zugkraft des Vorbildes) [74].

Von hier aus ist es nur ein Schritt zum Schicksalsbegriff Schelers. Im ersten Abschnitt der Abhandlung: „Ordo Amoris",

[72] Siehe zu „Leitung" und „Lenkung": *Die Wissensformen und die Gesellschaft*, S. 40 Fussnote 1.
[73] *Schriften aus dem Nachlass*, I, S. 269.
[74] ebenda S. 268.

der den Titel trägt: „Umwelt, Schicksal, ⟨Individuelle Bestimmung⟩ und der Ordo Amoris" heisst es:

„In der je besonderen *Rangordnung* der einfachsten, noch nicht dinglich und zu Gütern geformten *Werte* und Wertqualitäten, welche die objektive Seite seines ordo amoris darstellen, schreitet der Mensch einher wie in einem Gehäuse, das er überallhin mit sich führt; dem er nicht zu entrinnen vermag, wie schnell er auch liefe. Er gewahrt durch die Fenster dieses Gehäuses die Welt und sich selbst – nicht *mehr* von der Welt und sich selbst und nichts *anderes* als das, was ihm diese Fenster nach ihrer Lage, Grösse, Farbe zeigen. Denn die Umweltstruktur jedes Menschen – in ihrem Gesamtinhalt schliesslich gegliedert nach ihrer *Wert-Struktur* – wandert und verändert sich nicht, wenn der Mensch immer weiter wandert im Raume" [75].

Wir hatten schon früher darauf hingewiesen, dass der Wertumkreis von Unangenehm auf Angenehm hin als unentrinnbares Schicksal des Lebendigen insofern zu fassen ist, als jedes Lebewesen und seine Art auf die generelle Vorzugsordnung der sinnlichen Wertreihe hin ausgelegt ist. Dabei liessen wir die Frage offen, ob ein solcher Wertumkreis einschließlich einer zu ihm gehörenden Vorzugsordnung ebenso der Sphäre der Person zukommt. Dieser Frage können wir uns nun zuwenden.

§ *16. Schicksal, Schuld und Endlichkeit*

Die beiden angeführten Stellen aus den *Schriften aus dem Nachlass* erlauben, auf diese Frage eine positive Antwort zu geben. Denn jede endliche Person ist durch das personale Vor-bildsein und dessen Rangordnungen ein endliches Exemplar – mag es auch noch so unscheinbar und unmerkebar sein – auf Grund des „Gehäuses" der personalen Grund*wertarten*, das wir das ἦθος des Mitseins nennen [76]. Wertethisch ist jede endliche Person „angezogen" (oder „abgestossen") durch die zunächst faktischen Personwerttypen, deren endliches Exemplarsein und deren Sinnerlösbarkeit innerhalb der Grenzen der Grundwertarten des ἦθος liegen. Deshalb betrachtet Scheler die Wertarten und ihr subjektives Korrelat oder ihre subjektive „Resonanz", den ordo amoris, als das „Urbestimmende dessen, was dauernd Miene

[75] ebenda S. 348.

[76] Es kommen hierfür nur der Held, der Genius und der Typ des Heiligen in Betracht, also die Idealtypen der nicht-lebensrelativen Wertarten. Die beiden lebensrelativen Idealtypen haben in der menschlichen Erkenntnisweise Gottes „keine Stelle" nach Scheler. Siehe *Der Formalismus*, S. 584ff.

macht, sich um (den Menschen) herumzustellen – im Raume seine *moralische Umwelt*, in der Zeit sein *Schicksal*, d.h. der Inbegriff des Möglichen zu werden, das ihm passieren und *nur ihm* passieren kann" [77]. Nur dasjenige, – und nicht mehr –, was die „Fenster" dieses Gehäuses der Wert-Struktur von Welt und Person gewahren lassen, gewahrt der Mensch [78]. Sofern wir uns eines Ausdruckes Heideggers bedienen, können wir sagen: Das ἦθος ist die mitweltliche Bleibe endlichen Wertpersonseins, innerhalb deren die faktische Geschichte ausgetragen wird.

Das Eingegrenztsein in die Arten personalen Wertseins (das Heldische, das Geniale, das Heilige) schliesst die seinsmässige Endlichkeit und Schuld des Personseins ein. Die rangmässige Vielheit des Wertpersonseins ist die „*Wesenstragik alles endlichen Personseins*". Dies trifft sogar für den Wertpersontyp des Heiligen sowie für die Gottheit als Wertperson zu, allerdings nur was das Erkenntnisverhältnis des endlichen Personseins zur Gottheit betrifft. Denn die Idee der Gottheit wird durch das ἦθος der drei personalen Grundwertarten im Erkenntnisverhältnis durch die personale Wesenstragik notwendig mitbestimmt. So ist die Gottheit „Allheld" als all*mächtiger* Gott (älteres Judentum), sie ist „Allgenius" als all*weiser* Gott (Aristoteles), sie ist „Allheiliger" als al*liebender* Gott (Augustin). Die Gegebenheitsweise der Idee Gottes im Erkenntnisverhältnis des Menschen zu ihr ist also durch die personalen Grund*wert*arten eingegrenzt. Der „Streit" zwischen den personalen Einheiten der obersten Grundwertarten ist notwendig „unschlichtbar". So bezeichnet Scheler denn auch die Wertpersontypen selbst wiederum als „Seitenansichten" der ungeteilten Gottheit als Wertwesen [79].

Da der exemplarische Personwerttyp der „Typenmischung", des „Typenübergangs "und der „Vermischung" unterworfen ist (z.B. ist für Scheler Augustin eine Typenmischung von „heilig" und „heldisch", Friedrich der Grosse von „heldisch" und „genial"), ist jede faktische Person auch notwendig durch die personale Wesenstragik unvollkommen gegenüber jedem je höherem Personwerttyp und Wertpersontyp [80]. Es ist kein Zufall, dass Scheler gegen Ende des *Formalismus* nochmals seine Abhandlung

[77] *Schriften aus dem Nachlass*, S. 348.
[78] ebenda.
[79] *Der Formalismus*, S. 584ff.
[80] ebenda.

„Zum Phänomen des Tragischen" erwähnt [81]. Im Zusammenhang mit der Wesenstragik des Personseins, die im Eingegrenztsein in den jeweiligen Grundwertarten besteht, ist jedoch der Hinweis auf diese Abhandlung zunächst insofern befremdlich, als in ihr von dieser Wesenstragik nicht gesprochen wird. Scheler sieht das Phänomen des Tragischen darin, dass die endliche Person des Verfallens in eine unverschuldete Schuld nicht mächtig ist. Dieses Verfallen hebt er von der moralischen Schuld ab, die jeweils im Gegensatz zur unverschuldeten Schuld, der die Person „verfällt", „lokalisierbar" ist. Er hebt also, ebenso wie Heidegger, die moralische Schuld (qua vulgäres Schuldphänomen) von einer anderen Schuld ab: der schuldlosen Schuld, die für Scheler kein ästhetischer, sondern ein ethischer Begriff ist. Da die schuldlose Schuld nicht verschuldet ist, dunkelt sie der Person entgegen, so dass die Person ihr verfällt. Das Phänomen des Tragischen ist somit „*⟨Verfallen in Schuld⟩ selbst*". „*Dass*" der Willens-Reine ihr verfällt, ist der Kern der Tragik [82].

Wie lässt sich dieses Phänomen in der Thematik des Wertpersonseins ontologisch begreifen? Wohl nicht anders, als dass die Möglichkeit des Verfallens in die schuldlose Schuld in der *Seins*schuld der Person liegt. Scheler hat den Ausdruck „*Seins*schuld" der Person in den veröffentlichten Schriften nicht gebraucht, obgleich er andererseits, wie wir sahen, von Tatschuld, Seinsreue und Tatreue spricht. Ich sage, dass wertethisch die Seinsschuld der Person die *Wesens*tragik endlichen Personseins ist. Die Seinsschuld besteht in der personalen Unganzheit und dem notwendig endlichen Exemplarsein gegenüber den idealen Wertpersontypen der Grundwertarten, der Vor-bilder. Die schuldlose Schuld ist ebenso wie die Möglichkeit der Seinsreue der tragische Bezug personalen Wertseins zum relativen Nichtsein personalen Höchstwertseins und der abgegrenzten Vielheit der Wertpersontypen und ihrer Grundwerte, deren Rangordnung in der Spitze der ungeteilten Gottheit mündet aber dem Erkenntnisverhältnis durch die Seinsschuld verschlossen ist.

[81] *Vom Umsturz der Werte*, S. 149–169.
[82] ebenda, S. 169.

2. ABSCHNITT

DAS „DA" SCHELERS

§ 17. *Welt und Widerständigkeit*

Es bleibt uns jetzt noch übrig, auf eine Thematik einzugehen, die neben der der Person, der Werte und des Wertseins ein Angelpunkt der Metaphysik Schelers darstellt: die Widerständigkeit oder das Problem der Realität.

Wir sind dem Realitätsproblem schon beiläufig begegnet [1] und haben es bis jetzt zurückgestellt, da die Behandlung der Wertperson und der Werte, insbesondere die „Stellung" der Person im Kosmos, erforderlich war, um auf das Widerstandsproblem eingehen zu können. Auch Heidegger erwähnt in SZ die Widerständigkeit qua Realität [2], konnte jedoch nicht mehr auf die wesentlichen Unterschiede eingehen, die zwischen Scheler und Dilthey in Hinsicht auf diese Frage bestehen [3]. Da eine eingehende Behandlung des Realitätsproblems nicht Gegenstand dieser Abhandlung ist, werden wir es nur insoweit behandeln, als es für die Ontologie des Personseins von Bedeutung ist und es mit den bisherigen Ausführungen in der Philosophie Max Schelers eine Einheit bildet.

An dieser Stelle sei darauf hingewiesen, dass der wesentliche Unterschied in der Auffassung der Phänomenologie zwischen Scheler und Edmund Husserl im *Realitätsproblem* gesehen werden muss. Mit Recht weist Alwin Diemer darauf hin, dass Meinungsverschiedenheiten in der Phänomenologie erst dann auftreten, wenn nach dem Grundcharakter der Subjektivität gefragt wird [4]. Meinungsverschiedenheiten in der Phänomenologie treten z.B. dann auf, wenn gefragt wird, ob die Seinsart der Subjektivität

[1] Siehe S. 19.
[2] SZ S. 209ff.
[3] Siehe S. 19 Fussnote 15.
[4] Alwin Diemer, *Edmund Husserl*, a.a.O. S. 10.

doxisch-theoretisch (Husserl), emotiv-fühlend-wertend (Scheler), oder ob sie praktisch-umgehend (Heidegger) sei. Die Frage nach der Art der Subjektivität schliesst dann wiederum die Frage nach der Erfahrung der „Welt" ein, d.h. der Lebenswelt Husserls, der natürlichen Weltanschauung Schelers und der Alltäglichkeit Heideggers. Was Schelers natürliche Weltanschauung betrifft, so versuchten wir nachzuweisen, dass er Heidegger insofern näher steht als Husserl, als er dem „praktischen Rechnungtragen" in der natürlichen Weltansicht eine primäre Rolle einräumt und sie sogar von der Frage des Primates der Wertnehmung trennte und ausdrücklich sagte, dass pure Wertqualitäten in ihr nicht gegeben sind. Hierdurch zeigte sich uns die Möglichkeit, den interessenehmenden Akt, sofern er in Hinsicht auf die praktischen Umwelt vollzogen wird, so zu deuten, dass er das je schon zuhandene Zeug durch die drei Arten seines modifizierten Begegnens zuschneidet, nicht jedoch das Zuhandene primär einwertet [5] Auch zeigte sich uns, dass durch die Betonung des praktischen Rechnungtragens in der natürlichen Weltansicht, das wir allerdings auch durch das Zueinanderhandeln des Miteinanderseins als zum Mitsein gehörig wissen wollten [6], Schelers positive Stellung zu SZ, im Gegensatz zu Husserl, verständlich wird. Denn da die Wertnehmung beim praktischen Rechnungtragen in der natürlichen Weltanschauung hinsichtlich des Umgangs mit Milieudingen nicht primär war, schlossen wir, dass überhaupt die ontologische Frage nach den Werten nicht im praktischen Umgang mit Zeug (z.B. den Nutzwerten) zu stellen sei, sondern dass die Frage: „Was besagt ontologisch Wert?" auf die Frage: „Was besagt ontologisch *werten*?" zurückgeführt werden müsse. Den Ort des Wertens erblickten wir dann im Mitsein, genauer in den Weisen der Abständigkeit des Seinsverhältnisses von Dasein zu Dasein, bzw. von Dasein zu Fremddasein. In diesem Seinsverhältnis ist das Dasein beunruhigt und sorgt sich für (Fürsorge) den Unterschied im Aufholen, Niederhalten und Ausgleichen. Das mitweltliche Ausgleichen wurde deshalb als eine Seinsweise des Daseins angesehen, in der es dem Dasein um Selbstwertigkeit geht, da das Dasein, um den mitweltlichen Unterschied beunruhigt, diesen auszugleichen sucht. Hierdurch erschienen uns zwei mitweltliche Phänomene,

[5] Siehe Seite 43.
[6] Siehe § 12.

das Ressentiment und die Reue, sofern das Nichtsein höheren Personseins mitweltlich begriffen wird, ontologisch erklärbar. Da Heidegger auf die *Arten* mitweltlichen Unterschieds, die wir als die personalen Wertseinsarten ansahen, nicht eingeht, sahen wir das ⟨wonach⟩ und ⟨worauf⟩ des Ausgleichens, Niederhaltens und Aufholens in den im ordo amoris verankerten Wertpersontypen und deuteten ihre festumrissenen personalen Seins*arten* als das ἦθος des Mitseins, der mitweltlichen Wert-Bleibe, die sich nicht verändert, „wenn der Mensch immer weiter wandert im Raume" [7].

Was nun den Kernunterschied zwischen Scheler und Husserl betrifft, so liegt dieser in der Auffassung der phänomenologischen Reduktion. Schelers Auffassung ist nur in Zusammenhang mit dem Widerstandsproblem voll begreifbar. Auf Grund der „doxisch-theoretischen" Subjektivität handelt es sich bei Husserls phänomenologischer Reduktion für Scheler um die Zurückhaltung eines „Daseins urteils" [8], nicht aber um eine „Abstreifung des Realitätsmomentes selbst, das dem Prädikate des Daseinsurteils Erfüllung gibt, respektive um die Ausschaltung der Akte, die dieses Moment selber geben" [9]. In dieser Kritik an Husserl liegt bereits der Begriff des Realseins bei Scheler beschlossen, ohne den seine Phänomenologie, die übrigens noch nicht eingehend dargestellt ist, nicht von der Phänomenologie Husserls und dem, was über die Phänomenologie in SZ gesagt ist, abgehoben werden kann:

„*Realsein ist nicht Gegenstandsein*, d.h. das identische Soseinskorrelat aller intellektiven Akte - es *ist vielmehr Widerstandsein* gegen die urquellende Spontaneität, die in Wollen, Aufmerken jeder Art ein und dieselbe ist" [10].

Das was Scheler hier mit urquellender Spontaneität bezeichnet, ist das, was er sonst „spontane Tätigkeit" und „Lebensdrang" nennt, ein ungeistiges triebhaftes Prinzip, durch das das Realsein im „Erlebnis des *Widerstandes* der „schon erschlossenen Weltsphäre" gegeben ist [11]. Innerhalb des Realitätsproblems ist der Ausdruck „urquellende Spontaneität" durchaus, wie wir sehen werden, vorzuziehen, da „Lebensdrang" und „Drang" der wört-

[7] *Schriften aus dem Nachlass*, I, S. 348.

[8] „Idealismus – Realismus" a.a.O. S. 282; *Die Wissensformen und die Gesellschaft*, S. 282, 362, 425.

[9] ebenda. Vgl. auch *Die Stellung des Menschen im Kosmos*, a.a.O. S. 52f.

[10] *Die Wissensformen und die Gesellschaft*, S. 363.

[11] *Die Stellung des Menschen im Kosmos*, a.a.O. S. 54.

lichen Bedeutung nach sich allzu stark auf die Trieb und Vitalsphäre beziehen. In der Tat ist die Spätlehre Schelers, vor allem *Die Stellung des Menschen im Kosmos*, die allerdings nur eine Skizze für seine geplante *Philosophische Anthropologie* ist, wesentlich durch diese Sphären mitbestimmt. Der Begriff der Person scheint sich in den beiden letzten Jahren Schelers immer mehr mit dem des Menschen als des geistfähigen Vitalwesens zu vermischen.

Soll also das Realitätsmoment selbst aufgehoben werden, so handelt es sich bei der phänomenologischen Reduktion um das Ausserkraftsetzen des Lebensdranges, d.h. der urquellenden Spontaneität, in der die Welt vor allem Bewusstsein und vor aller Vorstellung und Wahrnehmung als Widerstand erscheint und die die Bedingung für jedes Jetzt-Hier-So aller sinnlichen Wahrnehmung ist. Das bedeutet, dass die Wirklichkeit als der „beengende Druck" für jedes Lebewesen fortfällt und damit zugleich die „reine" Angst (!) als dessen Korrelat [12]. Damit ist die Schelersche Reduktion keine Angelegenheit eines Denkurteils, sondern vielmehr eine τέχνη „inneren Handelns", so daß das Realitätsmoment und die es hervorbringenden *Akte* ausser Kraft gesetzt werden [13]. Auf die mannigfaltigen Probleme, in die Max Scheler sich durch diese τέχνη verstrickte und die er in seiner *Metaphysik* darzustellen gedachte, ist hier nicht einzugehen. Zur Frage steht die ontologische Bedeutung der Widerständigkeit, auf die Heidegger in SZ Bezug nimmt.

Heidegger sieht diese Relevanz des Widerstandes nur darin, dass im Nicht-durch-kommen des Widerstandes bereits ⟨etwas⟩ erschlossen ist, d.h. dass der Trieb und der Wille bereits auf etwas „aus sind". Nach ihm bleibt das Worauf des Widerstandes sowohl bei Dilthey als auch bei Scheler unbestimmt. Es dürfe aber, wie Heidegger sagt, ontologisch nicht übersehen werden, denn Widerstand „stösst" immer schon auf bzw. ist immer schon ⟨bei⟩ einer Bewandtnisganzheit, und daher erschlössen die Widerstandserfahrungen, gleich welcher Art sie seien, niemals Welt, sondern sie setzten Welt immer schon voraus:

> „Das ⟨Wider⟩ und ⟨Gegen⟩ sind in ihrer ontologischen Möglichkeit durch das erschlossene In-der-Welt-sein getragen" [14].

[12] ebenda S. 55.
[13] „Idealismus – Realismus", a.a.O. S. 282f.
[14] SZ S. 210.

Wir sahen oben bereits, dass auch Scheler den Widerstand als zu einer schon „erschlossenen Weltsphäre" gehörig denkt [15]. Was heisst aber in der Metaphysik Schelers „erschlossene Weltsphäre"? Scheler gebraucht das Wort Sphäre überall. Er spricht von Weltsphäre und Seinssphäre, von Du-Sphäre und Leibsphäre, von Aussenweltsphäre und Innenweltsphäre, von Absolutsphäre und Personsphäre. Die Sphären bilden als Ganzes das sogenannte Sphärenproblem [16]. Innerhalb der Weltsphäre unterscheidet Scheler im wesentlichen vier Stufen, die in ihrer Fundierungsordnung die Folgenden sind [17]:

1. Die Realität (Widerstandssein) einer Absolutsphäre. Alle anderen Sphären sind bezüglich ihres suchbaren, wissbaren und erkennbaren Soseins sowie alles Auffassens und Beurteilens dieser Sphäre und ihren wechselnden Inhalten des Gotthaften gegenüber nachgängig.

2. Die Sphäre der Mitwelt (Du-Sphäre, Wir-Sphäre). Sie ist der organischen und toten Natur sowie dem Eigenich vorgegeben. Zu dieser Sphäre gehört die Sphäre der endlichen Person, und zwar schon deshalb, weil die Personsphäre dem Lebendigen vorgegeben ist [18].

3. Die Sphäre der Aussenwelt ist der Sphäre der Innenwelt so vorgegeben, dass das Erleiden im extravertierten Verhalten den Blick des Menschen in die Innenwelt „zurückwirft".

4. Die Sphäre des Leibseins ist dem Realsein in der Sphäre ⟨Totsein⟩ so vorgegeben, dass die ursprüngliche Aussenwelt zunächst als lebendig gegeben ist, und zwar solange, bis ausserweltliches Sosein sich als tot zum Aufweis bringt.

Diese vier Sphären in ihrer Vorgegebenheit bewähren sich in allen Entwicklungen des Menschen, z.B. von Kind zum Erwachsenen, vom Primitiven zum Zivilisierten und auch in der Geistesgeschichte. Sie gehören auch zu den Grundsätzen der Soziologie des Wissens [19]. Auf die geistesgeschichtlichen und soziologischen Bezüge ist hier nicht einzugehen.

Die Gesamtheit der Sphären und ihre Fundierungsordnungen

[15] Seite 90.

[16] „Idealismus – Realismus", a.a.O. S. 266ff.

[17] *Die Wissensformen und die Gesellschaft,* S. 374 und 56f.

[18] Vgl. hierzu „Idealismus – Realismus: a.a.O., S. 269 und Seite 48 dieser Abhandlung.

[19] *Die Wissensformen und die Gesellschaft,* S. 55f.; 375.

sind ein vom Realitätsproblem unabhängiges und selbständiges Problem, das nur in rein ontologischer Form zu stellen ist [20]. Das Widerstandsproblem ist also bei Scheler thematisch von dem der „erschlossenen Weltsphäre" zu trennen. Macht Scheler unmißverständlich eine Trennung zwischen Widerstands- und Sphärenproblem, so ist es nicht verwunderlich, dass er den Begriff der Zuhandenheit in SZ innerhalb der Seinssphären begriff, die im Widerstand, der auf diese Sphären in je verschiedenen Weisen aus ist, vorerschlossen und vorgegeben sind. Denn er bekräftigt ja Heidegger gerade darin, dass die Seinsart des Zuhandenen ein „rein ontologisches Problem" ist (hinsichtlich der Lebensrelativität dessen, was in jenen Sphären gegeben ist) [21]. Von der Ontologie der Sphären aus gesehen ist SZ überhaupt die Ontologie der zweiten und dritten Weltsphäre Schelers (sowie ihrer Unterarten), d.h. erstens der Sphäre des Mitseins und zweitens der der Zuhandenheit sowie der Vorhandenheit. Die Leib- und Absolutsphäre als zur Erschlossenheit der Weltsphäre gehörig kommen bei ihm kaum zur Sprache. Was ihr Fehlen betrifft, so deutet Scheler auf eine Kritik hin, die er im fünften Teil von „Idealismus – Realismus" zu geben gedachte [22]. In Bezug auf diesen Frage wollte er offenbar SZ einer Kritik unterwerfen, da er ja in den Abhandlungen „Absolutsphäre und Realsetzung der Gottesidee" (1915/16) und der wichtigen Abhandlung „Probleme der Religion" (ab circa 1918 entstanden) bereits ausführlich über die Absolutsphäre geschrieben hatte.

Die Vorerschlossenheit von Welt ist also, sofern das Widerstandsproblem sorgfältig von den Weltsphären getrennt wird, wie Scheler es offensichtlich tat, ein durchaus verträglicher Be-Begriff in seiner Metaphysik. Der Satz Heideggers:

> „*Widerstandserfahrung, das heisst strebensmässiges Entdecken von Widerständigem, ist ontologisch nur möglich auf dem Grunde der Erschlossenheit von Welt*" [23]

bedürfte gar keiner Kritik durch Scheler. Die Kritik Heideggers an Scheler, die sich lediglich auf Schelers Abhandlung *Die Formen des Wissens und die Bildung* beziehen konnte, ist also keine Kritik, sondern genau *dasselbe*, was Scheler für das vom Wider-

[20] „Idealismus – Realismus", a.a.O. S. 271; 292.
[21] ebenda S. 272.
[22] ebenda S. 317.
[23] SZ S. 210.

standsproblem gesonderte Problem der Weltsphäre entwickelt hatte, das in rein „ontologischer" Form zu stellen ist [24].

Was nun das Verhältnis von Widerständigkeit und erschlossener Weltsphäre betrifft, so gilt zunächst der Satz, dass die Widerständigkeit zu *allen* Seinssphären gehört und nicht nur etwa zum Vitalbereich, wie man hier und da in der Schelerliteratur annimmt [25]. Darum hatten wir oben schon darauf hingewiesen, dass der Ausdruck „urquellende Spontaneität" bzw. „spontane Tätigkeit "dem des„ Lebensdranges" vorzuziehen ist. Ferner gilt der Satz, dass die *Grössenordnung* der Widerständigkeit bzw. des Realseins in je umgekehrtem Verhältnis zur Vorgegebenheitsordnung der Seinssphären steht [26]. Sie ist am grössten in der vierten Sphäre und nimmt (bei wachsendem Freiheitsumfang) in Richtung auf die Absolutsphäre hin ab [27]. Schon hierin ist der Bezug der Widerständigkeit sowohl zur vitalen Räumlichkeit, mit der sich Scheler sehr beschäftigte [28], als auch zur personalen Zeitlichkeit enthalten. Über diese sagt das Fragment der Philosophie Schelers nur wenig. Diese Frage gehört jedoch zum Widerstands- bzw. Realitätsproblem, und es ist sicherlich anzunehmen, dass sie eine wesentliche Thematik seiner Metaphysik und Anthropologie, die er leider nicht mehr fertigstellen konnte, dargestellt hätte. Einen Hinweis auf die Lösung dieses Problems finden wir in der Abhandlung „Idealismus – Realismus", wo er das Widerstandsproblem mit dem der Reue verbindet [29].

Hier sagt er, dass das Gewesensein dessen, was bereut wird, seinen Wirklichkeitscharakter ganz durch den *Wider*stand, den es auf die Zukunft ausübt, erhält, wie überhaupt die unabänderliche Gewesenheit einen „Druck" auf das Zukünftige ausübt, in dem diese real erfahren wird. Von hier aus läßt sich leicht erkennen, dass das Widerstandsproblem eng mit dem dynamischen Bewusstsein in Verbindung steht, in dem der Gewesenheitsumfang ständig

[24] „Idealismus – Realismus" a.a.O. S. 271.

[25] ebenda S. 292.

[26] *Die Wissensformen und die Gesellschaft*, S. 377.

[27] Sofern das Erkenntnisverhältnis des Menschen durch die Grundwerte nicht gebunden wäre, müsste der Widerstand hier gleich null sein. Die personale Wesenstragik (Siehe § 16) kann das faktisch *nicht* möglich machen.

[28] „Idealismus – Realismus" a.a.O. 293. Auch das hier über die Zeit Gesagte ist vielfach vital gesehen.

[29] ebenda S. 289. Siehe auch *Die Wissensformen und die Gesellschaft*, S. 365ff. Über das dynamische Bewusstsein und Determinismus vgl. *Schriften aus dem Nachlass*, I, S. 19; *Die Wissensformen und die Gesellschaft*, S. 41.

gegen den sich vermindernden Zukunftsumfang wächst, um den Gegenwartsumfang zwischen beiden bis zum Nullpunkt zusammenzupressen [30]. Von der Reue aus gesehen zeigt sich hier, dass die Widerständigkeit und das dynamische Bewusstsein nicht nur in die vitale, *sondern auch* in die personale Zeitart eingehen.

Indes bleibt bei Scheler völlig offen, wie die Widerständigkeit in ihrem Bezug zu den Werten und zum Wertsein und hier wiederum innerhalb der vier verschiedenen vorgegebenen Seinssphären zu denken ist. Diese Frage lässt sich jedoch auf Grund dessen, was die Untersuchung bereits hinsichtlich der lebensrelativen Werte, der absoluten Werte und des personalen Wertseins zusammengestellt hat, auf eine Lösung zuführen. Denn es liegt schon in der Vorzugsrichtung und Struktur des ordo amoris beschlossen, dass sich der „Stoss" gegen Unwerte und das Unwertsein richtet, und zwar so, dass im Vorziehen das Unwertsein ausgeschlossen und zugleich im Nachsetzen das Wertsein erschlossen wird. Das Erschliessen des Wertseins, dessen ontologische Ermöglichung in der Unganzheit der Person im Nichtsein personalen Wertpersonseins gesehen wurde, ist also immer Überwindung des im *Widerstand* und im Realsein seienden Unwertseins.

Durch das Gesetz der Grössenordnung des Widerstandes innerhalb der Weltsphären ist der Widerstand gegen das Unwertsein der vierten Sphäre maximal, d.h. wertethisch gegen den sinnlichen Unwert „Unangenehm", der unmittelbar der *Leib*sphäre gegeben ist. Dass sich die Vorzugsevidenz auch in der Vitalsphäre insofern ausweist, als die Widerständigkeit zu den Unwerten gehört, möge durch ein Beispiel verdeutlicht werden. Man denke an einen Schwimmer, der gegen das Wasser stösst und im Zurückstossen den Unwert des Gegendruckes des Wassers ständig überholt und durch diesen Gegendruck ⟨hindurchzukommen⟩ sucht. In diesem Falle ist natürlich nicht die taktile Erfahrung des Wassers als Unwert gedacht, sondern der leiblich gegebene und zu überholende ⟨Druck⟩ des Wassers, in dem der physikalische Begriff des Wasserdruckes erst fundiert ist. Auf der anderen Seite muss hier darauf verwiesen werden, dass die Grössenordnung der Wider-

[30] Siehe S. 18–20. Ausführliches über Zeit und Raum bei Scheler bringt in kürze meine Abh. „*Zur Phänomenologie der Lebensgemeinschaft bei Max Scheler*".

ständigkeit, nach der sie in den jeweils folgenden Sphären wächst, nicht einschliesst, dass die unteren vitalrelativen Unwerte deswegen auch schwerer zu überwinden seien. Im Gegenteil ist die Überwindbarkeit der unteren Unwerte, die lebensrelativ sind, trotz des Grössenordnungsgesetzes *leichter* und kleiner als die der Unwerte der oberen nicht-lebensrelativen Ränge. Denn die lebensrelativen Werte sind durch ihre Teilbarkeit sowohl leichter herstellbar als auch ausschliessbar (z.B. durch Narkotika) [31].

Deshalb gilt in der Metaphysik Schelers, was den Bezug der Widerständigkeit zum den Werten betrifft, das folgende Gesetz, das auch auf die Phasen des dynamischen Bewusstseins angewendet werden kann, worauf wir an dieser Stelle nicht einzugehen brauchen: Je *kleiner* die Grösse der Widerständigkeit, desto *schwerer* ist die Überwindbarkeit der Unwerte (z.B. der Unwert eines bereuten ⟨seins⟩); und je *leichter* die Überwindbarkeit der Unwerte, desto *grösser* ist die Grösse ihrer Widerständigkeit (z.B. der Leibschmerz). Die Grösse der Widerständigkeit und die Überwindbarkeit sind also jeweils relativ zur Leib und Personssphäre.

Die Ausarbeitung der Widerständigkeit sowohl hinsichtlich der Personsphäre und der Sphäre des Mitseins als auch hinsichtlich der Absolutsphäre ist eine der wichtigsten Fragen innerhalb des Schelerschen Phänomenologie. Analysen der Spätlehre Schelers müssen diesen Punkt voll würdigen. Denn die Widerständigkeit ist eben nicht nur ein Vitalproblem, sondern auch verstanden als Widerstand der ⟨Welt⟩, sofern sie Korrelat der Person ist [32]. Gehört die Widerständigkeit zu allen Weltsphären und werden in der τέχνη inneren Handelns der phänomenologischen Reduktion Schelers die Realitätsmodi der natürlichen Weltanschauung zeitweise aufgehoben, so bleibt „die Realität der Welt überhaupt" und die Generalthesis: „⟨Es gibt realiter (d.h. widerständiglich, d. Verf.) eine Welt⟩" als der weiter nicht auflösbare Eindruck

[31] Vgl. hierzu das über „Teilbarkeit" der Werte im *Formalismus* Gesagte.

[32] Zum Grössenordnungsgesetz der Widerständigkeit gehört auch der hier und da gerügte Begriff des ohnmächtigen Geistes. Ohnmächtig ist der Geist in Hinsicht auf die *Widerstandsgrösse*, insofern sie in der Personsphäre zugunsten der Freiheit und *In*determination minimal ist. Die Widerstandsgrösse ist sogar so minimal, dass der Geist gegenüber den Realfaktoren der Geschichte die Funktion der „Schleuse" übernimmt (Siehe hierzu „Probleme einer Soziologie des Wissens" in: *Die Wissensformen und die Gesellschaft*, S. 15ff. Über „Weltwiderstand" vgl. *Vom Ewigen im Menschen*, S. 217f.; *Schriften aus dem Nachlass*, S. 188 Fussnote 2.

(= Druck, d. Verf.) der Realität eines gegen die urquellende Spontaneität ⟨Widerständigen⟩:

> „Diese vage, undifferenzierte, soseinsunbestimmte Realität – dieses Realsein von ⟨etwas⟩ in irgendeiner der gleichfalls allem empirischen Erlebnisinhalt ⟨vorgegebenen⟩ Seinssphären kann oder braucht *selber* nicht ⟨erdacht⟩, ⟨erschlossen⟩ zu werden, wie Idealismus und alle Formen des sog. kritischen Realismus fälschlich annehmen. Es *ist da* – *vor* allem Denken und Wahrnehmen als in ihrem Intentionssinn ⟨rezeptiven⟩ Akten" [33].

§ 18. Die dreifache Evidenz philosophischen Denkens und die drei Formen des Wissens

Drei Gesichtspunkte waren es, die wir beim Widerstandsproblem geschieden wissen wollten:

Erstens sagten wir, dass die Widerständigkeit zu allen Seinssphären gehört und damit auch zum Personkorrelat ⟨Welt⟩, bzw. zur schon erschlossenen Weltsphäre. Hierbei wiesen wir nach, dass Scheler das Sphärenproblem als ein vom Widerstand gesondertes Problem ansieht, das nur mit ontologischen Begriffen zu bestimmen ist. Es zeigte sich, dass das Sphärenproblem in einer merkwürdigen Nachbarschaft zu Heideggers Begriff der Erschlossenheit von Welt steht [34].

Zweitens sagten wir, dass Scheler eine Reihe von verschiedenen Sphären unterscheidet und zwischen diesen eine Vorgegebenheitsordnung anerkennt: die Absolutsphäre des Wirklichen, des Werthaften und des Heiligen; die Sphäre der Mitwelt als der Sphäre der ⟨Anderen⟩, der Geschichte und Gesellschaft, der Vor- und Nachwelt; die Sphären der Aussen- und Innenwelt; die Sphäre der Leibseins und dessen Umwelt; die Sphäre des als ⟨lebendig⟩ vermeinten und die der als ⟨tot⟩ erscheinenden Körperwelt [35].

[33] *Die Wissensformen und die Gesellschaft*, S. 363.

[34] S. 90ff. Wir verweisen hier nochmals auf den Tatbestand, dass Scheler kurz vor seinem Tode und vor allem in *Die Stellung des Menschen im Kosmos* Den Widerstand thematisch hauptsachlich in der Triebsphäre (Lebensdrang) sieht.

[35] *Die Wissensformen und die Gesellschaft*, S. 56. Die Abhandlung „Absolutsphäre und Realsetzung der Gottesidee" in *Schriften aus dem Nachlass*, I, S. 179–253 ist als eine spezielle Abhandlung *innerhalb* des Schelerschen *Sphären*problems anzusehen. Dies schon deshalb, weil das Bewusstsein wesensmässig nicht nur die Sphären ⟨Aussenwelt⟩, ⟨Wir⟩, ⟨Ich⟩ usw. besitzt, sondern ebenso wesensnotwendig durch den religiösen Akt in die Absolutsphäre blickt. Die Existenz der Absolutsphäre wird bei verschiedenen Realsetzungen nicht tangiert (Vgl. dazu auch *Vom Ewigen im Men-*

Von diesen beiden Gesichtspunkten wurde implicite ein dritter geschieden, demgemäß zu jeder Sphäre jeweils widerstehendes Seiendes gehört (z.B. Dinge, Organismen, Personen).

Mit dem dreifachen Bezug der Widerständigkeit zur ⟨Welt⟩ als Weltwiderstand, zur Vorgegebenheitsordnung der Sphären (Grössenordnungsgesetz) und zum widerstehenden Seienden begann sich in einzigartiger Weise in der Spätlehre Schelers eine Einheit abzuzeichnen, die das Problem der Realität (qua Widerständigkeit), die drei Evidenzsätze der Philosophie (die er schon 1917 entwickelt hatte), die drei Formen des Wissens und seine ontologische Bestimmung als „Seinsverhältnis" und das dynamische Bewusstsein umfasste. Es ist unsere Auffassung, dass diese Einheit ein Grundpfeiler der von Max Scheler geplanten *Metaphysik* gewesen ist.

Denn erstens gehört das „*Urphänomen des Weltwiderstandes*" bzw. des im „*da*" des Widerständigen gegebenen soseins-undifferenzierten Realseins überhaupt zum *ersten* Evidenzsatz, der besagt, daß überhaupt etwas ist, d.h. „⟨nicht Nichts sei⟩" und wir selbst nicht nicht sind. „Die Evidenz des ‚*Dass*' dieses Urphänomens" geht allem Einzelnen und Besonderen, allem Denken und Wahrnehmen voraus. Das „ekstatische Wissen" und das „Haben" von Sein geht allem Wissen voraus, d.h. es ist vorbewusst und vorgewusst. Nicht ein Bewusstwerden liegt dem Weltwiderstand zugrunde, sondern das ekstatische „Haben von" Realität. Bewusstwerden ist stets die „Folge" des Habens von Realität, oder wie es Scheler selbst ausdrückt, des „Erleidens des Widerstandes der Welt" [36].

Zweitens gehört zur Vorgegebenheitsordnung der Weltsphären, nach der alle Relativsphären der Absolutsphäre folgen, der *zweite* Evidenzsatz, der besagt, daß „ein absolut Seiendes ist, oder ein Seiendes, durch das alles andere nichtabsolute Sein sein ihm zukommendes Sein besitzt":

schen S. 252). Ob diese Bewusstseinssphäre phänomenologisch mit dem „Nichts" Heideggers in Verbindung steht, ist eine anziehende Frage. Schon G. Misch wies in „Lebensphilosophie und Phänomenologie", a.a.O., darauf hin, dass das Wort „Nichts" oft durch das Wort „Gott" ersetzbar ist und dabei einen durchaus sinnvollen Satz in SZ ergibt.

[36] „Idealismus – Realismus", S. 291; 284. *Vom Ewigen im Menschen*, S. 216ff.; 218; *Die Wissensformen und die Gesellschaft*, S. 228; 370; 372ff. *Philosophische Weltanschauung*, a.a.O., S. 40. Bezüglich des Verhältnisses des ersten Evidenzsatzes zum Personsein vgl. S. 76ff. dieser Arbeit.

„Denn wenn es (wie wir an jedem Beispiel eines irgendwie Seienden klar erkennen) überhaupt Etwas gibt und nicht lieber überhaupt Nichts, so kann zwar dasjenige an unseren beliebig zu musternden ⟨Beispielen⟩, was relatives Nichtsein (sowohl Nicht-Etwas-sein wie Nicht-Dasein) an ihnen ist, auf die möglichen Abhängigkeiten und Relationen geschoben werden, welche deren Sein von anderem Sein besitzt (darunter *auch* von dem erkennenden Subjekt), niemals aber ihr Sein selbst" [37].

Schon der Versuch, das absolute Seiende zu leugnen, das freilich zahlreiche relativ sinnvolle Bestimmungen zulässt, setzt die Gegebenheit seiner voraus. Der Leugner sieht also stets

„durch das Gewebe jeden relativen Seins, also auch jedes relativen Nichtseins (v. Verf. gesp.); auf es *hindurch und in seine Richtung*" [38].

Ist das Realsein das in allen Regionen des Seins wie Natur, Innenwelt, Fremdwelt, Gottheit und den Teilen der Natur, wie Erde und Himmel, „*vor*bewusste" und „*vor*gewusste" Widerstandssein [39], so gründet dieses also wiederum in der Sphäre des Absoluten. Deshalb kann Scheler sagen:

„Es ist also die Realität Gottes, in der die Realität der Welt gründet – und nicht umgekehrt" [40].

Und schliesslich gehört zu dem widerstandsfähigen und widerstehenden Seienden der verschiedenen Sphären die *dritte* philosophische Evidenz, „dass alles mögliche Seiende ein *Wesensein* oder *Wassein* (*Essentia*) *und ein Dasein* (*Existentia*) *notwendig* besitzt, und dies ganz gleichgültig, was sonst es sein mag und welcher Sphäre des Seins es nach anderen möglichen Scheidungen der Seinsarten und -formen auch angehören mag" [41].

Zu jedem Wesen von Etwas gehört irgendein Dasein (*existentia*), zu jedem Dasein ein bestimmtes Wesen. Die Erkenntnis des Wesens ist von der des Daseins (*existentia*) wesensverschieden. Der Wesenserkenntnis gegenüber ist die Daseinserkenntnis „*eingeschränkter*". Denn bereits das Wesen eines Gegenstandes enthält a priori alle möglichen daseienden Gegenstände desselben Wesens in sich, „wogegen keineswegs alles, was von den als daseiend erkannten Gegenständen gilt oder in ihnen enthalten ist, auch vom

[37] *Vom Ewigen im Menschen*, S. 95.
[38] ebenda. Zu relativem Nichtsein vgl. § 14 und 15, besonders Seite 75ff.
[39] *Die Wissensformen und die Gesellschaft*, S. 373.
[40] *Schriften aus dem Nachlass*, I, S. 188 Fussnote 2.
[41] *Vom Ewigen im Menschen*, S. 96f.

Wesen dieser Gegenstände gilt oder in ihm enthalten ist" [42]. Hieraus zieht Scheler den Schluss, dass das Wesensapriori nicht nur ⟨für⟩ *das* Dasein, an dem es zufällig gefunden ist und das in den Grenzen unserer Daseinserfahrungen gelegen ist, sondern auch für das Daseiende desselben Wesens „*jenseits und ausserhalb*" der Sphäre unserer möglichen Daseinserfahrungen „*mitgültig*" ist [43].

In der Scheidung von Sosein und Dasein liegt nun für Scheler die Scheidung von zwei Formen des Wissens beschlossen: das Wesenswissen und das Leistungswissen (auch Beherrschbarkeitswissen genannt). Das Wesenswissen erfasst das Sosein „in mente", während das Leistungswissen im vitalen Widerstand von zufälligem, soseinsbestimmtem Seiendem ruht. Gegenstände des Leistungswissens sind Gegenstände der Wissenschaft. Der Gegenstand der Wissenschaft ist die „Welt des ⟨zufälligen Soseins⟩ und seiner ⟨Gesetze⟩ *und* die vital-⟨*daseinsrelative*⟩ Welt. Demgegenüber ist das Wesenswissen „*nicht mehr daseinsrelativ auf das Leben*" und „*nicht* relativ auf seine möglichen Werte" [44].

Das Wesenswissen reicht also in die Absolutsphäre hinein, sofern es den Urgrund als das *ens a se* gewinnt, bzw. den Wissensgott [45]. Die *Persönlichkeit* Gottes ist daher für die Metaphysik eine unerreichbare Grenze. Die heilige Person, die nicht Gegenstand spontaner Akte ist, wie das unpersonale *ens a se* es ist, ist einzig gegeben durch *den* Akt, der jede „*Art*" einer Welt transzendiert: den religiösen Akt [46]. Der religiöse Akt fordert keine Wissensevidenz, sondern eine „Antwort" einen „*Wider- und Gegenakt*" seines Gegenstandes:

> „Wo die Seele nicht – wie vermittelt immer – Gott berührt und ihn dadurch berührt, dass sie sich *durch* Gott berührt weiss und fühlt, da besteht kein *religiöses* Verhalten – auch keine ⟨natürliche⟩ Religion" [47].

Deshalb ist die dritte Form des Wissens, das Erlösungswissen, eine im jede Art von Welt transzendierenden religiösen Akte und eine im ⟨Wider⟩ und ⟨Gegen⟩ des Realseins des Gegenstandes des religiöses Aktes begründete Wissensform. Die drei Formen des

[42] ebenda, S. 97.
[43] ebenda, Fussnote 1. Siehe über diese „transzendentale Schlussweise" auch *Philosophische Weltanschauung*, a.a.O., S. 13f.
[44] *Philosophische Weltanschauung*, a.a.O., S. 45.
[45] *Vom Ewigen im Menschen*, S. 130.
[46] ebenda, S. 245.
[47] ebenda, S. 248.

Wissens entsprechen damit den drei Arten der Werte, d.h. den Vital-, Geistes- und Heiligkeitswerten [48], und damit wiederum den drei Wertpersontypen des Helden, des Genius und des Heiligen, und geschichtlich deren Exemplaren, den respektiven Personwerttypen. Damit sei in der Metaphysik Schelers die thematische Einheit zwischen der schon erschlossenen Weltsphäre, der Vorgegebenheitsordnung der Weltsphären, der Widerständigkeit nebst ihrer Grössenordnung und dem dynamischen Bewusstsein, den drei Evidenzsätzen, den drei Wertarten der Vital-, Geistes- und Heiligkeitswerte, den drei Formen des Wissens und dem Personsein aufgewiesen.

§ *19. Person und Wahrheit*

Da Scheler nicht wie Heidegger die Wahrheit explicit ontologisch gefasst hat und ihre Einheit mit dem „*da*" des Weltwiderstandes, dem „Haben von" Realität und dem Begriff des Wissens als „Seinsverhältnis", den auch Heidegger in SZ erwähnt [49], nicht zum Thema gemacht hat, müssen wir uns an dieser Stelle, da es um den Aufweis des Verhältnisses Schelers zu SZ geht, kurz fassen.

Wahrheit als Erschlossenheit und Unverborgenheit (Ἀλήθεια) war auch für Scheler zunächst eine radikal neue Explikation, die ihn, wie seine Randbemerkung zum Paragraphen 14c von SZ zeigt, sehr interessierte. Was den Begriff der Wahrheit bei Scheler, der allerdings nur verstreut in seinen Schriften zu finden ist, betrifft, so zeigt sich, dass er die Wahrheit einmal im herkömmlichen Sinne als Übereinstimmung faßt und sie zweitens im Zusammenhang mit dem Personsein – genauer – mit dem Wertpersontyp des ⟨Heiligen⟩ betrachtet. Was das erste betrifft, so sagt er:

„... Wahrheit als solche ist *kein* Wert, sondern eine von allen Werten verschiedene Idee, die sich erfüllt, wenn ein satzartig formierter Bedeutungsgehalt eines Urteils mit dem Bestand eines Sachverhalts übereinstimmt und diese Übereinstimmung selbst evident gegeben ist" [50].

Die Einsicht in die Wahrheit ist einem plötzlichen Aufblitzen gleich, das den Charakter des „*Empfangens*" hat und nicht den des

[48] *Philosophische Weltanschauung*, S. 42, Fussnote 26.

[49] SZ S. 210. Scheler spricht bereits in der Vorrede zur zweiten Auflage von *Vom Ewigen im Menschen* (1922) von „Seinsverhältnis" qua Wissen.

[50] Vgl. hierzu den zweiten Teil des *Formalismus*, VI, A, 3c; ebenso das in Maria Schelers Sachregistern der *Gesammelten Werke* unter „Wahrheit" zu findende.

Gestaltens und Machens. Die Wahrheit von Sätzen macht ⟨die⟩ Wahrheit nicht aus, sondern sie sind erst in ihr fundiert. Entsprechendes sagt Scheler in Bezug auf Wahrheitsaussagen über Werte, bzw. Wertverhalten, an die die Forderung der Wahrheit ergehen kann. Dabei müssen Wertaussagen genau wie jedes Urteil „richtig" sein. Was allerdings die Gesetze des Wert*haltens* betrifft, die sich auf Wertverhalte beziehen, so unterscheiden sie sich von den logischen Regeln. Dies betrifft z.B. die Gesetze des ⟨Billigens⟩ und ⟨Missbilligens⟩ von Wertverhalten. Wertaussagen mögen also „wahr" und „falsch" sein. Demgegenüber sind die theoretischen Urteile aber nicht „gut" oder „schön". Gerade bei den Sinngesetzen des Emotionalen, die Scheler im Einzelnen auszuarbeiten gedachte, hebt er ja den von Pascal übernommenen Unterschied zwischen der Logik des Verstandes und der Logik des Herzens besonders hervor und wirft in diesem Zusammenhang auch unserem Zeitalter die „*allgemeine Schlamperei in Dingen des Gefühls*" vor [51].

Im Zusammenhang mit dem Personsein sagt Scheler, dass jede Wahrheit in einem gewissen Sinne eine „⟨persönliche⟩ Wahrheit" sei, und zwar schon deshalb, weil zu jeder Person Welt und zu jeder Welt Person gehört, und deshalb die Wahrheit über die Welt die *Person* einschliessen muss [52]. Scheler hat freilich dieses ⟨persönlich⟩ nicht ontologisch expliziert, es jedoch sorgfältig von einer Wahrheitsidee, von einer vermeintlichen „Relativität", „Subjektivität" oder „Menschlichkeit" abgehoben, weil er den Persönlichkeitscharakter der Wahrheit im Wesenszusammenhang von Person und Welt sah. Auch hob er den Personcharakter der Wahrheit von der unerfüllbaren Idee der „Allgemeingültigkeit" durch allgemeine Begriffe und Sätze ab, denn eine solche Allgemeinheitsbestimmung ist über die Welt nach Scheler nicht möglich.

Ist jede Wahrheit eine persönliche Wahrheit, so ist jede Wahrheit relativ auf das Sein der Person; diese Relativität ist aber nicht mit einem relativen Wahrheitsbegriff oder einer subjektiven Wahrheit oder einer Allgemeingültigkeit von Sätzen gleichzusetzen.

Auch in SZ ist die Wahrheit als daseinsmässige Seinsart „*relativ auf das Sein des Daseins*". Auch wird die Relativität scharf von

[51] *Schriften aus dem Nachlass*, S. 362.
[52] *Der Formalismus*, S. 405; *Schriften aus dem Nachlass*, S. 302f.

„subjektiv" und von der „Allgemeingültigkeit" der Wahrheit abgehoben [53].

Der Begriff der „persönlichen Wahrheit" lässt sich wohl am ehesten da aufzeigen, wo die Wahrheit in diesem Sinne am klarsten in Erscheinung tritt: bei der Wertperson des Heiligen [54]. Der Heilige ist als Wertpersontyp wesensverschieden vom Genius und vom Helden. Als ursprünglich heilige Wertperson erwähnt Scheler die geschichtlichen Exemplare von Buddha, Christus und Mohammed, als nachfolgend Heiligen erwähnt er oftmals Franz von Assisi. Als solche ist die heilige Wertperson überaus selten. Es gilt zunächst für sie, dass über ihr *keine* allgemeingültige Norm oder kein Mass besteht, an dem sie gemessen oder nach dem sie beurteilt werden könnte. Das, was der ursprünglich Heilige sagt, wird nicht als gut oder wahr „befunden", sondern es ⟨ist⟩ gut oder wahr durch die Seinsart seines Personseins. Wesentlich ist denn auch für den vorbildlich Heiligen, „dass wirksam auf andere Personen nur *das Sein einer Person* selbst ist – nicht also Tugenden, noch weniger Akte, Werke, Taten oder Handlungen". Diese sind „Hinweise" oder „Zeugnisse" des Seins seiner Person als Wertperson. Gegeben ist also der Heilige zunächst durch die Einzigartigkeit seines personalen Seins, die seinen Nachfolgern in der Geschichte einwohnt. Die Schrift ist bereits ein erster Niederschlag dieser ursprünglich personalen „Einwohnung".

Wie sehr die Person des ursprünglich Heiligen uns an das Sein der Wertperson überhaupt heranführen kann, zeigt sich schon, wenn man ihn und die Wertpersontypen des Genius und des Helden einander gegenüberstellt. Diese sind, streng genommen, nicht mehr reine Wertpersontypen, da die Art ihres Personseins notwendig durch die Existenz von Werken und Taten fortlebt und damit der Sinnerlösbarkeit der geschichtlichen Urteile unterliegt. Der Genius schafft das Original an der „fremdgegebenen Materie". Er geht beim Schaffen mit Zeug um. Das Material, mit dem er schafft, ist z.B. das Holz, die Farbe, das Schreibmittel oder das Ton*ding* (Instrument). Sein Werk, in dem er lebt, kann im geschichtlichen Geschehensstrom „verhüllt" und je wieder neu „entdeckt" werden. Der Held wiederum lebt nicht durch das

[53] SZ S. 227.

[54] Das Folgende stützt sich auf „Vorbilder und Führer" in *Schriften aus dem Nachlass*, I, S. 255–344, besonders S. 277ff.; und „Problem der Religion" in *Vom Ewigen im Menschen*, S. 101–354, besonders S. 340ff.

„Werk", sondern durch die „Tat", die im Gegensatz zum Verhältnis Genius – Werk, so läßt es sich wenigstens denken, ein anderer Held hätte vollziehen können. Beide Persontypen, Genius und Held, sind immer je „Einer unter anderen". Der Heilige ist als Wertperson nie unter „anderen", sofern er der ursprünglich Heilige, der Stifter-Heilige, nicht der nachbildlich Heilige ist. Der Heilige ist immer ⟨der Einzige⟩. Seine Person lässt sich nicht „verdrängen" oder „entrechten", noch lässt sie sich beurteilen, wie es beim Genius schon möglich ist. Denn die Gefolgschaft, die der ursprünglich Heilige hat, ist nicht durch Taten und Handlingen, sondern zuerst durch das *Sein* seiner *Wert*person bestimmt, durch die seine möglichen Handlungen „heilig" sind. Der ursprünglich Heilige lässt nicht mit sich verhandeln. Er ⟨ist⟩ die „personförmige Wahrheit". Wer nicht für mich *ist*, der ist wider mich (Christus).

Dieses „ist" ist ein Charakter des Mitseins, vielleicht sein konzentriertester Charakter. Denn bei der Wertperson des Heiligen als des ⟨Einzigen⟩ zeigt sich ein fundamentaler Charakter des Mitseins und nur des Mitseins: die personale Unersetzbarkeit. Ohne Zweifel ist jede endliche Wertperson mitweltlich durch ihren Selbstwert unersetzbar, und sie ist ⟨einmalig⟩ durch die eigenbestimmende qualitative *Richtung* ihres aktualen Personseins. Einmalig heisst nicht einzig. Die je unersetzbare endliche und einmalige Person ist zwar niemals wiederholbar, aber im Gegensatz zum ursprünglich Heiligen, der nichts über sich kennt, ist sie immer in ihrem endlichen Stufenwertsein überholbar. Eine Analyse der Unersetzbarkeit als Seinsart des Mitseins müsste jedenfalls den Wert der Werte, den Selbstwert personalen Seins, in Betracht ziehen.

§ *20. Schlusswort*

Gesetzt, dass unser Einblick in die Metaphysik Schelers seine sachliche Richtigkeit hat, so drängt sich jetzt diejenige Frage auf, auf die die Untersuchung des Verhältnisses der zwei Grundlegenden Werke der Gegenwart immer schon hindrängte: auf die Frage von Sein und Wert [55].

[55] Die Frage wurde bereits von K. Hürlimann völlig richtig erkannt, nicht aber eingehender behandelt. Vgl. K. Hürlimann, *Person und Werte, Eine Untersuchung*

Diese Frage, die Heidegger selbst stellt, ist bislang in der Fachliteratur zur Metaphysik Heideggers eine ungelöste, ja meistens eine nicht gestellte Frage geblieben. Einen Grund dafür erblicken wir wiederum bei Heidegger selbst, der, wie wir sahen, den werkhaften Charakter des Umgangs (z.B. Zuhandenheit) immer wieder hervorhebt; dies setzt sich sogar bis in die Problemstellung des Ursprungs des Kunstwerkes fort. Darüber unten mehr.

Wir haben gezeigt, dass die seltsame Nichtberücksichtigung des Wertseins bei Heidegger zunächst auf zwei Gründe zurückführbar ist:

1. In SZ bleiben Werte sowie das Wertsein „vorhandene" Charaktere.
2. Das Wertsein (des Daseins) ist in der radikalen Formalisierung der Schuld verschüttet, und zwar so, dass die Beziehungswertigkeit im Seinsverhältnis von Dasein zu Dasein (Mitsein) unthematisch wird und dies auch in der Metaphysik Heideggers bleibt.

Dass die Frage von Sein und Wert sich lediglich aus vorhandenen Werten bestimmen und lösen lasse, ist uns wertethisch als eine nicht haltbare Voraussetzung erschienen. Diese Voraussetzung mag von der ebenso eigentümlichen Auffassung Edmund Husserls herrühren, Werte als „Prädikate" anzusehen, und damit das Wertsein mit den Werten gleichzustellen. Selbst wenn man dem vorhandenen Charakter aller Werte zustimmte, so wäre ontologisch keineswegs damit gezeigt, dass das Dasein (deshalb) wertlos sei. Daß es sich *nicht* so verhält, möge als das Ergebnis der Untersuchung angesehen werden. Das ⟨wert-sein⟩ ist ein daseinsmässiger Charakter, ohne den das Da des Daseins nicht ⟨sein⟩ kann.

Dies möge auch durch die bereits erwähnte Phänomenologie des dynamischen Bewusstseins Max Schelers erhärtet werden [56]. Denn zunächst *fehlen* dem originären Bewusstsein (des Kindes, das das „Licht der Welt" erblickt) die zeitlichen Erstreckungen von Vergangensein und Zukunft und deshalb zugleich die Akt-

über den Sinn von Max Schelers Doppeldevise ⟨Materiale Wertethik⟩ und ⟨Ethischer Personalismus⟩. Sonderdruck aus *Divus Thomas*, Bd. 30 (1952), Heft 3–4, Paulus Druckerei, Freiburg in der Schweiz.

[56] Siehe Seite 17 ff.; 88; 94–97.

arten des Erinnerns und Erwartens als die *spezifischen* Akte dieser Erstreckungen. Zunächst ist in dem die im *Gegen*warts-umfang des Bewußtseins-von, der die zwei Erstreckungen der Vergangenheit und Zukunft nicht enthält, die ⟨Welt⟩ im prälogischen *Wider*stand des ⟨da⟩ (Schelers) zum Stand gebracht. In der originären Präsenz von Welt, der die Zeitform der ⟨Dauer⟩ eignet, steckt das Hingezogensein (Zug) auf das Licht des Weltseins; *in* diesem Hingezogensein ist Welt entdeckt. Im Stand der Welt des originären Bewusstsein-von (Gegen-wartsumfang) ist die „ewig erstaunliche Zudeckung des absoluten Nichts" Schelers zu sehen. Oder: Keine Welt wäre je schon entdeckt ohne das Hin-gezogensein („Teilnahme") eines Seienden zur *Wert*-mässigkeit ihrer Präsenz. Darum heisst es in der Abhandlung Ordo Amoris:

„Mit einem gleichsam ganz primären, der Wahrnehmungseinheit noch voranschreitenden Trompetenton eines Wertsignals, das da kündet ⟨hier was los!⟩ – einem Signal, das von den *Dingen* (= ⟨Welt⟩, d. Verf.), nicht von uns im Erlebnis ausgeht – pflegen sich die wirklichen Dinge an der Schwelle unserer Umwelt anzumelden und im ferneren Verlaufe aus den Weiten der Welt her als Glieder in sie einzutreten.[57]

Es ist erst im Verlaufe der *Werdung* der Vergangenheits- und Zukunftserstreckungen des Bewusstseins, in denen die Weiten der Welt be-wusst werden, so dass erst hier die dem originären Bewusstsein von Weltpräsenz eignende Zeitform der Dauer, die, wie wir sahen, auch den Werten eignet, in die möglichen Sukzessivitäten und Dingreihen (in Richtung ⟨nach hinten⟩ und ⟨nach vorne⟩) übergeht. Die Kette möglicher futureller Sukzessivitäten findet, wie herausgestellt wurde, in der *Werdung* des Bewusstseins eine Grenze (Altern), während sich die Vorgangenheits-erstreckung ständig erweitert, bis sie schiesslich im Druck (qua Widerständigkeit) auf die zusammenschrumpfende Zukunfts-erstreckung nicht nur die Präsenz der Welt als Urgegebenheit zusammenpresst, sondern sie und die Zukunftserstreckung gleichsam ⟨von hinten⟩ *überholt*. Mit dem Verschlungenwerden des Gegenwarts- und Zukunftsumfanges selbst verschwindet aber auch das Realitätsmoment ⟨in⟩ der Aufhebung der Widerständigkeit gegen diese Erstreckungen. Diese Aufhebung kommt in der Schelerschen Phänomenologie des dynamischen Bewusstseins

[57] *Schriften aus dem Nachlass*, I, S. 349.

dem Tod des Bewusstseins gleich. Es sei darauf hingewiesen, dass das dynamische Bewusstsein, welches also bei Scheler mit der Widerständigkeit verknüpft ist, für jedes, auch für das in der *Soziologie des Wissens* so wichtige Kollektivbewusstsein, zutrifft [58].

Scheler hat den phänomenologischen Zusammenhang zwischen Bewusstsein – Weltwiderstand – Zeiterstreckungen und deren jeweiligen Werdung nicht mehr sichtbar machen können. Es zeigt sich jedoch, dass das ⟨Vergangensein⟩, das allen Todeserscheinungen eignet, bei ihm eine grosse Rolle gespielt haben musste und dass im Lichte seiner Theorie des dynamischen Bewusstseins die Zukünftigkeit, wie sie im Heideggerschen Begriff des Seins zum Tode steckt, kein Monopol hinsichtlich des Todesphänomens besitzt.

Was die Wertmässigkeit der originären Präsenz von Welt betrifft, so kann ihr wohl kaum ihre Erschlossenheit abgesprochen werden. Dies nicht nur, weil in jedem ⟨Anmelden⟩ ein Wert steckt, sondern weil eben die Welt der Person und des Daseins eine *geteilte* Welt ist. Denn die Welt des Daseins gibt ja Seiendes frei, das eben *nicht* zur Zuhandenheit und zu Dingen gehört [59]. Das innerweltliche *Begegnen* der Anderen gehört zum originären Bewusstsein, weil eben dieses selbst sich als Seinsart von Zuhandenheit und Vorhandenheit unterscheidet. Im „mithaften" In-der-Weltsein ist Welt *mit Anderen*, die abständig begegnen, geteilt [60]. Die Wertmässigkeit der Präsenz von Welt ist also im ⟨Mit⟩ des daseinsmässigen Modus des In-der-Welt-seins zu sehen. Dieser Modus ist Mit-teilung von Welt. Dass in dieser Mit-teilung der Andere in seiner Anderswertigkeit begegnet, haben wir wertethisch zu zeigen versucht.

Lassen wir hier die wichtige Problematik der Arten personaler Wertmässigkeit (ἦθος) beiseite, so lässt sich bezüglich der materialen Werte, als streng unterschieden vom Wert-sein der Person, d.h. ihrem Selbstwert, sagen, dass ihr sog. „Haften" an Dingen weiterer Präzisierung bedarf, als es in unserem Rahmen angebracht erschien.

[58] *Die Wissensformen und die Gesellschaft*, S. 41. Der Struktur, *nicht der wechselnd widerstehenden* Gehalte nach, scheint dem dynamischen Bewusstsein Husserls „Zug des Todes" (1911) zu entsprechen (Husserliana, X, S. 365).
[59] SZ S. 116–118.
[60] ebenda.

Wertethisch lässt sich zunächst nichts gegen den Heideggerschen Standpunkt sagen, dass z.B. das Kunstwerk ein „Werk" ist, dass sein Werksein den Charakter der Herstellung hat und dass in einem hergestellten Werk Werte „haften" mögen. Auf Grund des über die Chaconne Bachs Gesagten scheint uns jedoch das „Aufstellen" eines Kunstwerkes in je verschiedenen Arten von Kunstwerken einen nicht zu gering einzuschätzenden verschiedenen Sinn zu haben. Schon der Sprachgebrauch meidet den Ausdruck „aufstellen" bei dem genannten Kunstwerk. Bach hat nicht die Chaconne „aufgestellt". Ebenso stellt sie der Künstler, der sie spielt, nicht auf. Das Herstellen eines Kunstwerkes hat immer Bezug zur Art des Werkstoffes, wie Stein, Holz, Erz, Farbe, Sprache und Ton. Der Stoff des Dichtens und Komponierens (Sprache und Ton) aber ist nicht Stoff wie Holz und Stein. Deshalb besitzt auch schon der Verweisungscharakter jener Arten von Kunstwerken (Dichtung, Musik) eine Eigenart, die sie in einem gewissen Sinne von der Erdhaftigkeit abhebt, die Heidegger, wenn wir recht verstehen, für alle Kunstwerkarten in Anspruch nehmen möchte. Gewiss, die Bauernschuhe van Goghs sind gewöhnliches Zeug [61]. Sie sind zu- und vorhanden, einschliesslich des Bildes selbst. Deshalb verweisen sie in das Dienliche und Werktätige: in die Furchen des Ackers, die Einsamkeit des Feldweges, in die Mühsal der Arbeit, in die Sorge um das Brot. Ja, man darf sagen, diese Schuhe „gehören" nicht nur zur Erde, sie *berühren* sie. So etwas trifft für das Tonwerk nicht zu, wenigstens nicht für seine Wertart. Nie und nimmer ⟨berührt⟩ die Chaconne Bachs die Erde. Sie verweist auch nicht auf Feldwege oder dergleichen, höchstens auf ein hergestelltes Instrument oder gedruckte Noten, von denen ihr Wert aber *wesens*verschieden bleibt. Denn ihr Wert ist nicht-lebensrelativ (d.h. ab-solut), während Geigen und Noten Dingwerte haben oder diese Werte an ihnen haften. Die Chaconne als Kunstwerk verweist auch nicht wie das Zeug, dem die Seinsart des „etwas, um zu ..." eignet, in die Weisen eines Zeugganzen, die „Dienlichkeit" und „Beiträglichkeit". Die Dienlichkeit, die den Bauernschuhen van Goghs innewohnt, läßt zwar dieses Seiende aus sich heraus anwesen [62]; ob aber die „Dienlichkeit" das Tonwerk ⟨Chaconne⟩ als idealen

[61] *Der Ursprung des Kunstwerkes*, Stuttgart, 1967, S. 28ff.
[62] ebenda, S. 22.

Wert anwesen lässt, ist bestreitbar. Alles hängt hier von der phänomenologischen Einstellung in *Sachen* Werten ab. Denn sieht man in einem musikalischen Werk von dem nicht-lebensrelativen Wert ⟨das Schöne⟩ ab und reduziert es auf das Ding „Instrument" oder sogar auf die bloßen „Noten", so kann Heidegger selbstverständlich sagen, dass die Quartette Beethovens in den Lagerräumen des Verlagshauses wie die Kartoffeln im Keller liegen [63]. Das heisst dann auch implicite, dass das Schöne letztlich am Ding haftet, und die Schönheit eine Weise der Wahrheit ist. Dass es haftende Werte gibt, soll nicht bestritten werden, wohl aber steht die *ausnahmslose Geltung* des Haftens von Werten und das *Wie* des Haftens zur Frage. Wertethisch ist ⟨das Schöne⟩ mehr als „Haften", z.B. die Schönheit einer Gebärde, die ich sittlich billige. Ebenso ist das *erlebte* Schöne der Chaconne nicht ein haftender, sondern ein sich im Vorzugsakt des nicht-lebensrelativen Wertseins realisierender Wert. Schon darum wird, vom wertethischen Standpunkt aus gesehen, im Tonwerk keine Welt „aufgestellt", sondern es wird von der *Wert*person des Genius und Künstlers eine Welt *geschöpft*. In der Schöpfung des Tonwerkes steckt ein Minimum von Lebensrelativität, im Aufstellen eines Tempels oder Gemäldes, wie das van Goghs, ein Maximum von Lebensrelativität. Der allen echten Kunstwerken innewohnende ideale Wert der ⟨Schönheit⟩ ist jedoch dasjenige, was den pragmatischen Charakter der Dingwirklichkeit *durchbricht* und damit eben die Weisen des Zeugganzen der Dienlichkeit und Beiträglichkeit. Erst in der Verlorenheit des Genius und Künstlers in das *Ton*werk und durch seine Abgelöstheit von der Erde und dem Erdhaften scheint ⟨das Schöne⟩ auf.

Liest man, wie wir es getan haben, SZ unter Berücksichtigung der Grundlagen der materialen Wertethik und betrachtet man die Werte und das personale Wertsein nicht ohne weiteres als „vorhanden", so möchte es scheinen, dass SZ eine fast bis ins Absolute gesteigerte *Ent*wertung des Seins und seines möglichen Sinnes darstellt. Ob die metaphysische Entwertung des Seins eine ständige Steigerung seit den Vorsokratikern erfahren hat, ist auch im Heideggerschen Sinne als *seinsgeschichtliche* Frage zu stellen.

[63] ebenda, S. 10.

Jedenfalls weist der Heideggersche Rückschritt in das anfängliche Denken, der ihn oft auf Heraklit, Parmenides und Anaximander führt, selten in die Wertfrage. Gehören aber nicht etwa die das Sein und das Mitsein durchwaltende φῖλῖᾱ und νεῖκος (Liebe und Streit) des Empedokles auch zum anfänglichen Anwesen von Sein? Was heisst überhaupt φῖλῖᾱ und ἀγάπη im griechischen, d.h. vorchristlichen Sinne? Sind sie in der Geschichte des Seins verschüttet worden, wenn man mit Scheler den ständig sich breiter machenden „désordre du cœur" des Menschen, vor allem seit dem dreizehnten Jahrhundert, annimmt? Selbst Thomas zählt die Liebe unter die Modifikationen der *vis appetitiva*, und die Werte fallen bei ihm unter den Primat der *ratio*. Das *Cogito sum* des Descartes setzt auch den Zweifel an allen Werten voraus; dabei scheinen wiederum der Selbstwert des Cogito und der Wert des Zweifelns *selbst* zu entfallen. Für Kant sind Werte in der Position des Seins gegeben, d.h. sie sind gesetzt, und für Nietzsche fallen sie der Umwertung anheim im Sinne ihrer Vernichtung, aber – wiederum um eines *Wertes* willen: des Willens zur Macht.

Hat sich das metaphysische Denken aus der Sicht der Wertethik seltsam von der Frage des Wert-seins und damit des Seins des *Mit*seins entfernt, so möge uns eine kurze Bemerkung Schelers ahnen lassen, wie er dieses Problem zu stellen scheint. Er sagt:

„Die Welt wertfrei zu denken, ist eine Aufgabe, die sich der Mensch um eines Wertes willen setzt: des vitalen Wertes der *Herrschaft* und Macht über die Dinge" [64].

Es stellte sich im Verlaufe der Untersuchung heraus, dass eine Anzahl von Begriffen und thematischen Einheiten von SZ mit der materialen Wertethik in einem Einklang stehen; ferner dass solche Begriffe bereits in der Philosophie Max Schelers vorbereitet sind, wie unter anderem die Vorgegebenheit des Du der Seinssphären (in SZ der „Andere"), die Kryptomechanik innerhalb der natürlichen Weltanschauung (in SZ die ausgelegte Alltäglichkeit), der metaphysische Leichtsinn des Menschen (in SZ das uneigentliche Sein zum Tode), die Zudeckung des absoluten Nichts und das „da" Schelers als negativ anzeigende Bestimmung des Da des Daseins u.a. Dies und die Tatsache, dass Scheler den Wert von SZ für das philosophische Denken der Gegenwart sofort

[64] *Die Wissensformen und die Gesellschaft*, S. 122 Fussnote 2.

erkannte, sollte jedoch nicht den Eindruck erwecken, dass er auch nur Teile seiner eigenen Metaphysik, die er in absehbarer Zeit vorzulegen gedachte, in irgendeiner Form zu revidieren suchte. Es bestehen hierfür im Nachlass Max Schelers, wie die Herausgeberin versicherte, keine Anzeichen, auch nicht bezüglich des Heideggerschen Wahrheitsbegriffes, dessen fundamentaler Ansatz Scheler bereits 1924 bekannt war.

Wollte man nun den Versuch unternehmen, den Unterschied der Denkart beider Denker herauszustellen, so liesse sich prima facie sagen: Heideggers Denken ist Seinsdenken, d.h. das Denken der Lichtung und des Geschehens der Unverborgenheit (Αλήθεια). Demgegenüber weist das Denken Max Schelers nicht nur in die Helle der Absolutsphäre der Person und in die Idealität personalen Wert-seins, sondern zugleich in die dunklen Tiefen des Lebendigen und des Gemütes des Menschen. Darum sei die Untersuchung mit einem „Zusatz" des ersten Nachlassbandes abgeschlossen. Es heisst dort:

„Wie die Pflanze sich aus der Erdtiefe nährt, in die kein Licht dringt, und dieser mit der Nährfunktion betraute Teil ihrer Wurzeln ebenso der Dunkelheit bedarf wie die Blätter des Lichts, so scheint auch unsere seelische Existenz eine Wurzeltiefe zu haben, die nur im Dunkeln gedeiht, und eine Wachheit und Helle, in der alles scharf geschieden sich voneinander abhebt. *Nur* Helle und *nur* Dunkelheit ist der Seele und ihrem Wachstum nachteilig"[65].

[65] *Schriften aus dem Nachlass*, I, S. 148.

ANHANG

Sein und Zeit	Randnotizen Schelers	Anmerkungen des Verfassers
§ 9. S. 43: Die beiden skizzierten Charaktere des Daseins: einmal der Vorrang der ⟨existentia⟩ vor der essentia und dann die Jemeinigkeit – zeigen schon an, dass eine Analytik dieses Seienden vor einen eigenartigen phänomenalen Bezirk gestellt wird.	Was heisst das?	
§ 12. S. 54: Das ⟨Sein bei⟩ der Welt, in dem näher auszulegenden Sinne des Aufgehens in der Welt, ist ein im In-Sein fundiertes Existenzial.	Ekstatisch hingegeben	Mit Bezug auf Realität siehe Teil III, § 17
§ 13. S. 61: Im Sichenthalten von allem Herstellen, Hantieren u. dgl. legt sich das Besorgen in den jetzt noch einzig verbleibenden Modus des In-Seins, in das Nur-noch-verweilen bei ... *Auf dem Grunde* dieser Seinsart zur Welt, die das innerweltlich begegnende Seiende nur noch in seinem puren *Aussehen* (εἶδος) begegnen lässt, und *als* Modus dieser Seinsart ist ein ausdrückliches Hinsehen auf das so Begegnende möglich.	Gut! Aufhebung des Widerstandes	Siehe § 17
§ 13. S. 61: Das In-der-Welt-sein ist als Besorgen von der besorgten		

Sein und Zeit	Randnotizen Schelers	Anmerkungen des Verfassers
Welt *benommen.*	Ekstatisch zurück	Vgl. hierzu das „Gefragtsein" in § 14
§ 13. S. 62: Im Sichrichten auf ... und Erfassen geht das Dasein nicht etwa erst aus seiner Innensphäre hinaus, in die es zunächst verkapselt ist, sondern es ist seiner primären Seinsart nach immer schon ⟨draussen⟩ bei einem begegnenden Seienden der je schon entdeckten Welt	Ekstatisch. So Bergson	Der Weltbegriff Bergsons ist nicht in dieser Abh. behandelt. Er liegt ausserhalb ihrer Thematik. Siehe über Bergson bei Scheler in Bd. 3 der Ges. Werke. S. 323ff.
§ 15. S. 67: Das alltägliche Dasein *ist* schon immer in dieser Weise, z.B.: die Tür öffnend, mache ich Gebrauch von der Klinke.	S. Formalismus	Siehe Teil I, § 2; Teil II, § 10. Mit Bezug auf Mitwelt Teil III, § 12
§ 15. S. 68: Was besagt ontologisch Wert?	Formalismus	Siehe Teil III, 1. Abschnitt
§ 15. S. 72: Führt denn überhaupt vom Sein dieses Seienden ein Weg zur Aufweisung des Weltphänomens?	Nein	
§ 17. S. 81: Vielmehr entdeckt die Umsicht der Landbestellung in der Weise des Rechnungtragens gerade erst den Südwind in seinem Sein.	Sehr gut S. Formalismus	Siehe Teil II, § 9 und 10

Sein und Zeit	Randnotizen Schelers	Anmerkungen des Verfassers
§ 26. S. 120: Das Mitsein bestimmt existential das Dasein auch dann, wenn ein Anderer faktisch nicht vorhanden und wahrgenommen ist.	S. Ethik Formalismus	Siehe Teil III, § 11, 13, 17
§ 29. S. 139 *Scheler* hat vor allem unter Aufnahme von Anstössen *Augustins* und *Pascals* [1] die Problematik auf die Fundierungszusammenhänge zwischen den ⟨vorstellenden⟩ und ⟨interessenehmenden⟩ Akten gelenkt. Freilich bleiben auch hier noch die existential-ontologischen Fundamente des Aktphänomens überhaupt im Dunkel.	Reue Ressentiment Verwundern Neugier Liebe	Siehe Teil III, § 13 und 14
§ 34. S. 163: Auch das Horchen hat die Seinsart des verstehenden Hörens.	So ich S Ethik	Siehe Teil II, § 8
§ 44c.	Sehr gut	Diese Notiz bezieht sich auf S. 226f. von *Sein und Zeit*
§ 58. S. 286: Wie denn das *bonum* und die privatio dieselbe ontologische Herkunft aus der Ontologie des *Vorhandenen* haben, die auch der daraus ⟨abgezogenen⟩ Idee des ⟨Wertes⟩ zukommt.	? S Formalismus	Siehe Teil I § 2; 3 und 6. Teil II, § 8. Teil III § 11; 13 und 14

Sein und Zeit	Randnotizen Schelers	Anmerkungen des Verfassers
§ 65. S. 329: Die Phänomene des zu ..., auf ..., bei ... offenbaren die Zeitlichkeit als das ἐκστατικόν schlechthin. *Zeitlichkeit ist das ursprüngliche ⟨Asser-sich⟩ an und für sich selbst.*	Ekstatische Antizipation [............]	
	S Formalismus	Mit Bezug auf Leben und dynamisches Bewusstsein siehe Teil I § 5
§ 7. S. 385: Nur wenn im Sein eines Seienden Tod, Schuld, Gewissen, Freiheit und Endlichkeit dergestalt gleichursprünglich zusammenwohnen wie in der Sorge, kann es im Modus des Schicksals existieren, das heisst im Grunde seiner Existenz geschichtlich sein.	S Reue	Siehe Teil III, § 14 und 15.

LITERATURVERZEICHNIS

I. PRIMÄRLITERATUR*

Heidegger, Martin, *Sein und Zeit*. Tübingen, 1967.

Husserliana. Edmund Husserl, Gesammelte Werke. Auf Grund des Nachlasses veröffentlicht vom Husserl-Archiv (Louvain) unter Leitung von H. L. van Breda, Haag, 1950 ff.

Kant, Immanuel, *Kritik der Praktischen Vernunft*, (Gesamtausgabe der Berliner Akademie der Wissenschaften).

Scheler, Max, *Der Formalismus in der Ethik und die Materiale Wertethik*. Bern, 1954 (4. Auflage).

— *Vom Umsturz der Werte*. Bern, 1955 (4. Auflage).

— *Schriften zur Soziologie und Weltanschauungslehre*. Bern und München, 1963 (2. Auflage).

— *Die Wissensformen und die Gesellschaft*. Bern und München (2. Auflage).

— *Vom Ewigen im Menschen*, Bern, 1954 (4. Auflage).

— *Schriften aus dem Nachlass*. Bern, 1957 (2. Auflage).

— *Der Genius des Krieges und der deutsche Krieg*. Leipzig, 1915.

— *Philosophische Weltanschauung*. München, 1954.

— *Wesen und Formen der Sympathie*. Bonn, 1929.

— *Die Stellung des Menschen im Kosmos*. München, 1947.

— „Idealismus und Realismus", in: *Philosophischer Anzeiger*, 2, 1927/28.

— *Beiträge zur Feststellung der Beziehung zwischen den logischen und ethischen Prinzipien*. Jena, 1899.

— *Die transzendentale und die psychologische Methode*. Jena, 1900.

— „Soziologische Neuorientierung und die Aufgabe der deutschen Katholiken nach dem Krieg", *Hochland*, 1915/16.

— „Metaphysik und Kunst", *Deutsche Beiträge*, I (1947).

— *Die Idee des Friedens und der Pazifismus*. Berlin, Der Neue Geist Verlag, 1931.

— „Von kommenden Dingen", *Hochland*, 1916/17.

— „Recht, Staat und Gesellschaft", *Hochland*, 1917/18.

— „Ethik. Ein Forschungsbericht", in: *Jahrbücher der Philosophie*, 2. Jahrg., Berlin, 1914.

— *Liebe und Erkenntnis*, München, 1955.

* Eine wahrscheinlich vollständige Bibliographie der Schriften Schelers ist bei Ernest W. Ranley, *Schelers Phenomenology of Community*, Martinus Nijhoff, The Hague, 1966, S. 105–124, zu finden.

II. SEKUNDÄRLITERATUR

Ballauff, Th., *Das Problem des Lebendigen*, Bonn, 1949.
Breda, Van H. L. „Das Husserl-Archiv in Löwen", in: *Zeitschrift für Philosophische Forschung*, Bd. II Heft 1, 1947.
Claesges, Ulrich, *Edmund Husserls Theorie der Raumkonstitution*. Phaenomenologica. Martinus Nijhoff, Den Haag, 1964.
Diemer, Alwin, *Edmund Husserl. Versuch einer Systematischen Darstellung seiner Phänomenologie*, Verlag Anton Hain Meisenheim am Glan, 1965.
Dupuy, Maurice, *La Philosophie de Max Scheler. Son Evolution et Son Unité*, 2 vol. Presses Universitaires, 1959.
— *La Philosophie de la Religion chez Max Scheler*, ibid., 1959.
Fink, Eugen, *Sein, Wahrheit, Welt*. Phaenomenologica. Martinus Nijhoff, Den Haag, 1958.
Frings, Manfred S. *Max Scheler. A Concise Introduction into the World of a Great Thinker*. Duquesne University Press, Pittsburgh, Pa. Editions E. Nauwelaerts, Louvain, 1965 Lib. of Congress No. 65–24701.
— „Der Ordo Amoris bei Max Scheler, Seine Beziehungen zur Materialen Wertethik und zum Ressentimentbegriff", *Zeitschrift für Philosophische Forschung*, XX, 1, 1966.
— „On Max Scheler's Theory of Social Economy with Special Attention to its Ethical Implication", *Review of Social Economy*, XXIII, 2, 1965.
— „Max Scheler. Non-Formal Ethics of Our Time", *Philosophy Today*, IX, 1965.
— „Max Scheler: Rarely Seen Complexities of Phenomenology", in: *Phenomenology in Perspectives*, by F. Josef Smith (ed.) Den Haag, 1969.
— „Max Scheler: On the Ground of Christian Thought", *Franciscan Studies*, vol. 6, 1968.
— „Scheler and Heidegger", *Philosophy Today*, XII, 1968.
— *Heidegger and The Quest for Truth*. (ed.) Quadrangle Books, Inc. Chicago 1968 (With an Introductory Message by Martin Heidegger). Beiträge von: W. J. Richardson S.J., P. Ricœur, C. O. Schrag, F. J. Smith, B. Boelen, A. F. Lingis, J. J. Kockelmans, A. Borgmann, J. M. Anderson. Lib. of Congress No. 67–21643.
Hartmann, Nicolai, „Max Scheler", *Kantstudien*, 1928, Bd. 33.
Hartmann, Wilfried, *Die Philosophie Max Schelers in ihren Beziehungen zu Eduard von Hartmann*, Michael Triltsch Verlag, Düsseldorf, 1956.
— *Max Scheler – Bibliographie*. Friedrich Frommann Verlag, Stuttgart, 1965.
Heimsoeth, Heinz, *Die sechs Grossen Themen der abendländischen Metaphysik und der Ausgang des Mittelalters*, Berlin 1922.
Hürlimann, Kaspar, *Person und Werte. Eine Untersuchung über den Sinn von Max Schelers Doppeldevise ⟨Materiale Wertethik⟩ und ⟨Ethischer Personalismus⟩*. Sonderdruck aus *Divus Thomas*, Bd. 30 (1952) Heft 3–4, *Paulus Druckerei*, Freiburg in der Schweiz.
Kreppel, F. *Die Religionsphilosophie Max Schelers*, München, 1927.
Kanthack, Katharina, Max Scheler, Berlin – Hannover, 1948.
— „Max Scheler und Wir", *Berliner Hefte*, III, n. 2, 1948.
Landgrebe, Ludwig, „Prinzipien einer Lehre vom Empfinden", in: *Zeitschrift für Philosophische Forschung*, VIII, 1954.
— *Philosophie der Gegenwart*, Bonn, 1952.

— „Zur phänomenologischen Theorie des Bewusstseins (A, Gurwitsch)", *Philosophische Rundschau* 8, 1960.

— „Seinsregionen und regionale Ontologien in Husserls Phänomenologie", *Studium Generale* 9, 1956.

Lützeler, Heinrich, *Der Philosoph Max Scheler*. Bonn 1947.

— „Zu Max Schelers Persönlichkeit", in: *Hochland*, 1928/29, Bd. 1.

Malik, Josef, „Wesen und Bedeutung der Liebe im Personalismus Max Schelers", *Philosophisches Jahrbuch*, 1965.

Nota, J. H. „De Rol van de Liefde in Max Schelers Ethica", *Bijdragen*, 27, 1966.

Pöggeler, Otto, *Der Denkweg Martin Heideggers*, Pfullingen, 1963.

Ranly, Ernest W., *Scheler's Phenomenology of Community*, Martinus Nijhoff, The Hague, 1966.

Richardson, William J. *Heidegger, Through Phenomenology to Thought*. Martinus Nijhoff, The Hague 1963.

— „Heidegger and God – And Professor Jonas", *Thought*, XL, 1965.

Rintelen von, F.-J. *Der Wertgedanke in der europäischen Geistesentwicklung*, Halle/S., 1932.

Roth, Alois, *Edmund Husserls ethische Untersuchungen*. Phaenomenologica. Martinus Nijhoff, Den Haag, 1960.

Scheler, Maria, „Bericht über die Arbeit am philosophischen Nachlass Max Scheler's", *Zeitschrift für Philosophische Forschung*, 2, 1948.

Spiegelberg, H., The Phenomenological Movement. A Historical Introduction. 2. Aufl. Martinus Nijhoff, The Hague, 1965.

Schütz, Alfred, „Scheler's Epistemology and Ethics", *Review of Metaphysica*, XI, 1957/58.

— „Scheler's Theory of Intersubjectivity and the General Thesis of the Alter Ego", *Philosophy and Phenomenological Research*, II, 1942.

Volkmann-Schluck, K.-H. *Einführung in das philosophische Denken*, Frankfurt, 1965.

Weyl, Hermann, *Philosophie der Mathematik und Naturwissenschaft*, München, o.J.

ANMERKUNG ZU DEN BENUTZTEN TEXTEN

Wenn nicht anders verwiesen, liegen dem Text die Gesammelten Werke Max Schelers, Francke Verlag Bern und München zugrunde. Was den *Formalismus* Schelers anbelangt, so wurde noch die *vierte* Ausgabe benutzt. Diese Ausgabe hat 596 Seiten gegenüber der 1966 erschienenen fünften Ausgabe von 580 Seiten. Eine Textstelle der fünften Ausgabe entspricht einer der hier benutzten vierten Ausgabe für je hundert Seiten zwischen 2½ bis 3 Seiten weniger als die vierte Ausgabe. Siehe hierzu die fünfte Ausgabe des *Formalismus* S. 589. Die Ausgabe von Heideggers *Sein und Zeit*, die Scheler benutzte und die auch der Verfasser benutzt hat, stimmt seitenmässig mit den späteren Ausgaben bis auf geringfügige Abweichungen überein.

Made in the USA
Las Vegas, NV
14 November 2024

11641508R00079